新型农业经营主体与经营管理

主 编：彭 静 应苗红
副主编：王 靖 康芸宾 彭方颖
编 委：唐艳林 袁金娥 张学智
　　　　姚华伟 毛远超

西南交通大学出版社
·成 都·

图书在版编目（CIP）数据

新型农业经营主体与经营管理 / 彭静，应苗红主编. -- 成都：西南交通大学出版社，2024.6
ISBN 978-7-5643-9805-7

Ⅰ. ①新… Ⅱ. ①彭… ②应… Ⅲ. ①农业经营 – 经营管理 Ⅳ. ①F306

中国国家版本馆 CIP 数据核字（2024）第 084627 号

Xinxing Nongye Jingying Zhuti yu Jingying Guanli
新型农业经营主体与经营管理

主　编 / 彭　静　应苗红	责任编辑 / 罗爱林
	封面设计 / 吴　兵

西南交通大学出版社出版发行
（四川省成都市金牛区二环路北一段 111 号西南交通大学创新大厦 21 楼　610031）
营销部电话：028-87600564　　028-87600533
网址：http://www.xnjdcbs.com
印刷：四川森林印务有限责任公司

成品尺寸　　185 mm×260 mm
印张　8.5　　字数　185 千
版次　2024 年 6 月第 1 版　　印次　2024 年 6 月第 1 次

书号　ISBN 978-7-5643-9805-7
定价　29.00 元

课件咨询电话：028-81435775
图书如有印装质量问题　本社负责退换
版权所有　盗版必究　举报电话：028-87600562

【前言】

发展多种形式适度规模经营，培育新型农业经营主体，是建设现代农业的前进方向和必由之路。加快培育发展新型农业经营主体和服务主体是一项重大战略，对于推进农业现代化、实现乡村全面振兴意义重大。随着新型工业化、信息化、城镇化进程的加快，农村劳动力大量进入城镇就业，农村2亿多承包农户就业和经营状态不断发生变化，"未来谁来种地、怎样种好地"问题日益凸显。家庭农场、农民合作社、农业社会化服务组织等各类新型农业经营主体和服务主体根植于农村，服务于农户和农业，在破解谁来种地难题、提升农业生产经营效率等方面发挥着越来越重要的作用。

本教材紧紧围绕新型农业经营主体中的家庭农场、农民专业合作社、农业社会化服务组织经营管理内容进行编写。家庭农场既是实现小农户和现代农业有机衔接的基础性和骨干性经营主体，又是稳定农业基本盘、实现农产品稳产保供的重要力量。农民专业合作社是广大农民群众的积极探索和伟大创造，是稳定和完善农村基本经营制度、创新农村经营体制的重要途径。积极发展农户联合与合作，蕴藏着巨大潜力，孕育着无限希望。农业社会化服务组织通过因地制宜发展形成的单环节、多环节、全程托管等多样化模式，围绕农业全产业链提供集成高效服务的综合解决方案或综合服务平台，有效破解生产主体做不了、做不好的共性难题，在探索创新中蓬勃发展，有力保障国家粮食安全和重要农产品有效供给，促进农业节本增效和农民增产增收。

本教材是一本适应新型农业经营主体带头人、农业经理人、高素质农民经营管理、主体培育、素质提升的农民职业培训教材，包括三个项目，十三个模块。每个项目通过项目目标、项目导读、知识准备、以案明知、拓展资源分别阐述家庭农场、农民专业合作社、农业社会化服务组织三种类型新型农业经营主体经营管理知识。知识准备较为全面地介绍了不同类型主体的基础知识。以案明知中案例内容丰富，通俗易懂，每一个模块借助具有示范作用的真实典型案例进行深入剖析，并链接相关知识点提升学习者的管理技能。拓展学习资源一方面推荐学习书目供学习者进行自学，另一方面提供网址链接进一步宣传国家发展新型农业经营主体相关政策。

本教材编写人员结构合理、优势互补，有理论知识扎实的涉农院校一线教师，也有实践经验丰富的家庭农场主、合作社理事长等新型农业经营主体代表。具体编写分工为：项目一由彭静、王靖、张学智编写，项目二由应苗红、康芸宾、唐艳林、姚华伟编写，项目三由彭方颖、袁金娥、毛远超编写。最后由彭静、应苗红进行统稿。

本教材受众面较广，既可以作为乡村人才和农民职业培训教材，也可以作为高职、本科院校涉农专业课教材，同时还可以作为基层农业经营管理岗位人员进行业务提升和知识拓展学习资料。广大农村对于乡村振兴人才的需求日益增加，更需要"懂经营、善管理"的新型农业经营主体管理人才，所以本教材对于提升农民职业素养，提高乡村干部素质，培养乡村振兴人才，都有着指导意义。

编　者

2023 年 12 月

【目 录】 >>>>

项目一　家庭农场经营管理 …………………………………………… 001
　模块一　种植农场模式 ……………………………………………… 009
　模块二　养殖农场模式 ……………………………………………… 015
　模块三　生态农场模式 ……………………………………………… 024
　模块四　农旅融合农场模式 ………………………………………… 031

项目二　农民专业合作社经营管理 …………………………………… 040
　模块一　"合作社+农户"模式 ……………………………………… 044
　模块二　"合作社+公司"模式 ……………………………………… 051
　模块三　"合作社+政府"模式 ……………………………………… 060
　模块四　"合作社+金融机构"模式 ………………………………… 068
　模块五　农民专业合作社联合社模式 ……………………………… 076

项目三　农业社会化服务组织经营管理 ……………………………… 087
　模块一　农业技术服务模式 ………………………………………… 091
　模块二　农业生产服务模式 ………………………………………… 099
　模块三　农产品流通服务模式 ……………………………………… 107
　模块四　农业社区服务模式 ………………………………………… 114

参考文献 ………………………………………………………………… 125

项目一　家庭农场经营管理

项目目标

通过知识学习，掌握家庭农场基本内涵和特征，了解家庭农场发展现状及未来发展趋势。通过案例学习，了解种植、养殖、生态、农旅融合型家庭农场的不同经营模式，掌握不同类型家庭农场经营管理经验，提升家庭农场经营管理技能，树立正确的家庭农场创业理念，形成对家庭农场的正确认识，通过有效经营家庭农场为"三农"助力，为实现乡村振兴和农业现代化，建设农业强国贡献力量。

项目导读

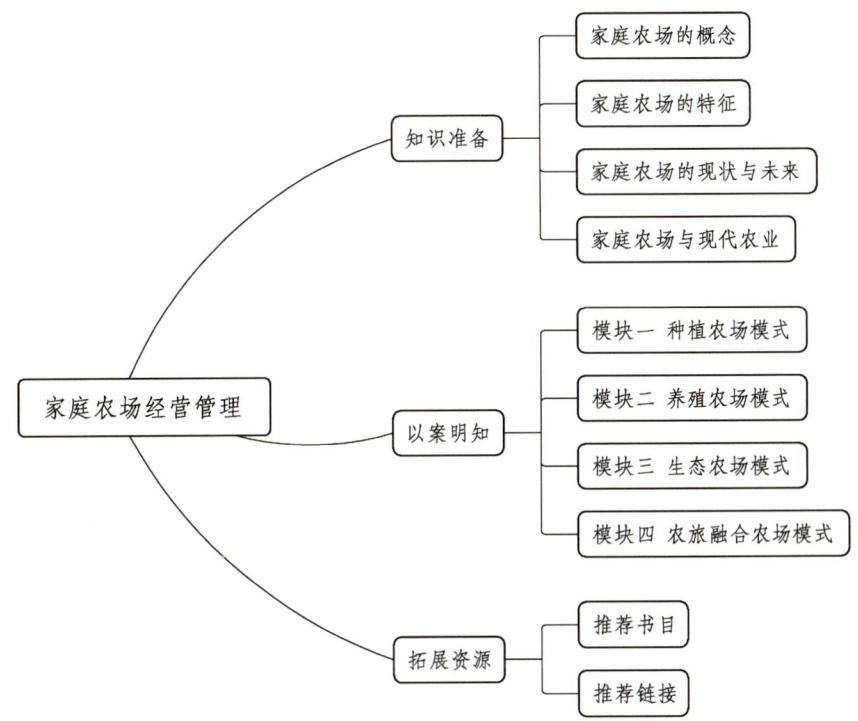

知识准备

一、家庭农场的概念

家庭农场的概念最初起源于欧美国家。在这些国家，农民通常在自有土地（或同时租入部分土地）生产经营，农场主本人或其家庭成员直接参加生产劳动，这种生产单位即家庭农场。

家庭农场，作为农业的微观组织形式，在欧美等国家已有几百年的发展历史，已成为世界范围内大多数国家最为普遍的农业经营主体。不同的国家结合自身国家农业发展的实际情况，对于家庭农场的认定有不同的定义。俄罗斯《家庭农场法》规定：家庭农场是享有法人权利的独立生产经营主体。它可由农民个人及家庭成员组成，并在利用终身占有、继承的土地和资产的基础上进行农业生产、加工和销售。美国农业部定义的"家庭农场"则需满足 5 个条件：生产一定数量用于出售的农产品，可以被认为是一个农场而不仅仅是一个乡下住户；有足够的收入（包括非农收入）支付家庭和农场的运营、支付债务、保持所有物；农场主自行管理农场；由农场主及其家庭提供足够的劳动力；农忙时可以使用季节工，也可以雇用少量的长期农工。日本虽然没有关于家庭农场的明确定义，但是有关于"销售农户"和"家庭经营体"的划分，而后者更接近家庭农场的定义。农业经营体指直接或接受委托农业生产与农业服务，且经营面积或金额达到一定规模的农业经济组织。根据组织属性，农业经营体可分为"家庭经营体"和"组织经营体（法人）"。

国外对家庭农场的界定和认定条件存在一定的差异，但是，都认同家庭农场的定义要素和认定条件有：① 家庭是家庭农场的组织主体，家庭劳动力是最主要的劳动主体，坚持家庭经营的主体地位和主导作用；② 以利润最大化目标和生产商品化农产品为专职，其收入来源主要是农业生产经营收入，坚持市场在家庭农场发展与参与资源配置中的决定性作用；③ 以"场"为生产空间基础，经营规模"适度"。适度是指在现有条件约束下，家庭农场的经营规模要与家庭成员劳动能力、当地土地流转供应、劳动力转移程度、社会化协作服务、体面收入获得等方面相匹配，坚持适度规模经营理念。

通过对国外家庭农场定义的概括和归纳，中国根据自身农业发展的实际情况对家庭农场进行了定义：家庭农场是指以家庭成员为主要劳动力，从事农业规模化、集约化、商品化生产经营，并以农业收入为家庭主要收入来源的新型农业经营主体。通俗地说，它是指现代农业家庭经营组织，以农户家庭为基本组织单位，以市场为导向，以利润最大化为目标，专门从事适度规模的农林牧渔的生产、加工和销售，并且经过工商部门注册，实行自主经营、自负盈亏的企业化经营主体。

二、家庭农场的特征

家庭农场的类型可以是专业农场，也可以是综合农场。通过建立综合农场，可以解决农业劳动力时间分配不均匀的问题，为稳定就业提供保障。家庭农场多样化经营，有助于避免受制于自然影响和克服传统小农经济的单一性、脆弱性的缺陷。综上所述，家庭农场的特征主要包括以下五个方面。

（一）家庭经营

家庭农场具有投资、消费、储蓄和获取收益等内在特征，其行为目标是家庭及其成员的效用最大化。同时，农户的家庭经营作为一种组织形式，具有血缘关系和伦理道德规范所维系的、超越市场化的工厂经营的激励监督机制。

家庭农场应该登记注册，主动纳入国家农业宏观管理体系，相对于专业大户、合作社和龙头企业等其他新型经营主体，家庭农场最鲜明的特征是以家庭成员为主要劳动力。家庭农场的经营者是农户家庭，以家庭为基本核算单位。家庭农场生产作业、要素投入、产品销售、成本核算、收益分配等环节，都以家庭为基本单位，体现了家庭经营产权清晰、目标一致、决策迅速、劳动力成本低等诸多优势。除季节性、临时性短期聘用劳动力外，不常年雇用外来劳动力从事家庭农场的生产经营活动。

（二）规模适度

家庭农场的强大生命力在于牢牢把握"适度"，家庭农场的土地规模要与经营者的劳动生产能力相适应，确定适宜的土地经营规模。随着农业生产力水平的进一步提高，农业劳动力的进一步转移，可逐步调整经营规模。

（三）以农业为主

家庭成员的主要职业是农民，家庭主要收入来源于农业，农业成为有奔头的产业，农民成为有吸引力的职业，从事农业同样可以获得丰厚的收入，过上舒适的生活。家庭成员可能会在农闲时外出打工，但其主要劳动场所仍在农场，以农业生产经营为主要收入来源。这使其区别于以非农收入为主的兼职农户，并成为新时期职业农民的主要构成部分。

（四）专业化、商品化生产

家庭农场以提供商品性农产品为目的开展专业化生产，与小规模农户相比，家庭农场规模适度，通过专业化生产、集约化经营可以充分发挥适度规模效应和家庭经营优势，有效提高劳动生产率、土地生产率和资源利用率。家庭农场的专业化生产程度和农产品商品率较高，主要从事种植业、养殖业生产，实行一业为主或种养结合的农业生产模式，满足市场需求、获得市场认可，是其生存和发展的基础。家庭农场与自给型小规模农户的不同之处在于，家庭农场以获取最大化经济利益为目标，为实现这一目标，家庭农场必须摸索在市场经济条件下如何优化资源配置。

（五）独立的市场主体

现代农业是一个完整的产业体系，不仅包括产中环节，还包括产前、产后等全流程。随着产业体系不断完善，相应领域不断细分，家庭农场如果缺乏有效的农业社会化服务体系的支撑将难以健康发展，也难以成为真正意义上的新型农业经营主体。比如在美国，由农场主家庭管理局、农场合作局、商业信贷公司、农场主合作社等构成的农业社会化服务体系保证了家庭农场成为真正意义上的新型农业经营主体。

由于具备了以上特征，家庭农场就如同多数小型企业一样，在新的产业体系中承受着巨大的压力，特别是在农资的购买、信息的获得、产品的营销、规模经济和资本的筹集等方面的压力更大。家庭农场面临的形势使世界上一些具有超前意识的农场主做出了相应的反应。

为最大限度地获得成功，他们以新的、重新组合的要素形成21世纪的农业企业制度。同传统的家庭农场相比，21世纪的家庭农场应该具备这些特征：在信息管理方面发挥更大的作用；进行更多的研究，尤其是有助于预测技术方面的研究；农业企业组织形式上的创新，包括租赁、企业联合组织以及非农企业与农业企业的联合经营；注重为即将发生的变化制订计划；在会计记录、财务控制、风险管理以及人力资源管理方面改善企业管理；加强农业企业与供应环节的联系、联合与合作，包括家庭农场成员在农场外部的公司企业工作；在以市场为导向的机制下将环境保护、生产过程和产品营销结合起来，实现"从农场到餐桌"的完整的农业产业化体系。

三、家庭农场的现状与未来

（一）家庭农场的发展现状

1. 整体数量快速增长

截至2021年年底，纳入农业农村部名录管理的家庭农场达到391.4万个，比2015年增长了10倍。目前全国有10个省份的家庭农场超过15万个。其中，山东省是家庭农场最多的省份，达到了51.7万个。

2. 发展质量明显提升

截至2021年年底，全国近17万个家庭农场被农业农村部门评定为县级及以上示范家庭农场（其中，山东省有近8 000个），7.7万个家庭农场拥有注册商标，22.5万个家庭农场通过绿色食品、有机食品、地理标志农产品等农产品质量认证。

3. 行业结构更加多元

截至2021年年底，从事种植业的家庭农场数量为261.1万个，占家庭农场总量的66.7%；从事畜牧业的家庭农场数量为70.6万个（其中，山东省有5.9万个），占家庭农场总数的18%；另外还有从事种养结合、渔业、林业、农业服务业等方面的家庭农场。从粮经结合到种养结合，再到种养加一体化，第一、二、三产业融合发展，家庭农场经营范围逐步多元化，行业分布日益广泛。

4. 经营效益稳步提高

2021年，平均每个家庭农场经营收入为30.5万元，平均每个家庭农场净利润达到12.5万元。同年，与之相对应的全国城镇居民人均可支配收入为47 412元。若以每个家庭农场家庭成员为三位计算，家庭农场的收入已经接近城镇居民的收入水平。这样的收入在农业生产各个领域当中，均处于相对较高的水平。

5. 家庭农场发展不平衡

当前，我国的家庭农场仍处于起步发展阶段，多数家庭农场还处于成长期，还存在发展不平衡、不充分的问题，主要体现在以下方面：

（1）单体规模偏小，整体实力偏弱。据了解，2021年家庭农场经营收入在10万元以下的占比接近40%，经营收入在50万元以上的不到10%。

（2）发展质量有待进一步提升。目前多数家庭农场还是以农业生产的前端为主，向加工、营销等产业链后端延伸不足，全产业链收益能力较低。

（3）经营困难增多，扶持政策有待进一步加强。近年来，虽然从中央到地方针对家庭农场培育发展出台了不少扶持政策，但是从实施效果上看，集成联动的效果还不够，部分政策的精准性和操作性还有待加强。特别是当前有部分家庭农场，在生产经营方面面临诸多困难，而贷款难、贷款贵的问题仍然比较突出，家庭农场向金融机构申请贷款时，普遍面临审批环节多、贷款额度小、期限短等难题。据了解，2021年获得贷款的家庭农场占比不到3%，与实际需求相比还有较大的差距。

（二）家庭农场的未来发展方向

1. 着力提升规范运营水平

参照国际上家庭农场发展的普遍规律，结合国内实际情况，当前我国家庭农场已经进入了由数量增长向量质并举发展的新阶段。运营规范是成熟市场主体的重要标志，只有规范运营，才能更加容易地获得市场的认同，从而在市场竞争中处于更加有利的位置。因此，家庭农场应该把规范提升作为今后发展的重要方向。

2. 加强农场主素质能力的培养

从年龄结构、文化水平、经营管理水平等方面看，多数家庭农场主的综合素质还有待于进一步提高。从统计结果可知，全国家庭农场主的平均年龄为52岁，主要集中在40~60岁年龄段，具有大专及以上文化水平的农场主不足10%。可见，人才匮乏已经成为家庭农场发展的突出问题。对于家庭农场而言，生产是基础，经营是核心。家庭农场主仅仅懂生产技术已经不能满足现代家庭农场发展的需要，需要进一步提升经营、管理、营销、品牌打造等相关方面的知识和能力。

3. 促进融合发展

当前，家庭农场一般以单个的家庭为主，面对日益激烈的市场竞争，单打独斗的家庭农场在市场经营中将面临更多的制约。如规模经营所带来的附属配套土地需求难以得到满足，资金来源渠道不够畅通，人才匮乏，市场抗风险能力弱等。2014年《农业部关于促进家庭农场发展的指导意见》明确提出，鼓励和引导家庭农场开展联合与合作；《新型农业经营主体和服务主体高质量发展规划（2020—2022）》也明确提出，逐步构建家庭农场协会或联盟体系。因此，应加强家庭农场间的联合或家庭农场与合作社等其他主体的联合与合作，建立紧密的利益链接和组织机制，加快构建主体多元、功能互补、运行高效的现代农业产业组织体系，实现从单打独斗向协同作战的转变。

4. 保持适度规模

规模经营是现代农业发展的基础，达不到一定的规模，很难产生良好的规模效益。但一味地片面追求家庭农场的"快"和"大"，盲目扩大经营规模，从实际效果来看并不理想。所谓适度规模，是要根据家庭农场成员的数量、自身经营管理能力以及农业社会化服务水平等，合理确定经营规模，通过生产方式和技术的改进实现最佳规模效益。

5. 坚持绿色发展

"十四五"时期是促进经济社会发展全面绿色转型的关键时期，农业已经进入绿色高质量发展的新阶段。绿色发展是家庭农场未来发展的重要方向，要以绿色发展理念作为内生驱动力促进家庭农场绿色发展。要注重将生态农业技术、现代先进的技术装备、绿色低碳的理念，引入家庭农场的生产实践，形成全面推行生产投入品减量化、生产清洁化、废弃物资源化、产业模式生态化的发展格局，从而实现绿色可持续发展，提高市场竞争力。对于家庭农场而言，可通过种养结合等实现生产环节绿色循环，减少环境污染，实现节本增效。[①]

发展家庭农场是促进小农户和现代农业发展有机衔接的必然选择。小农户是我国农业生产的基本组织形式，家庭农场是小农户的升级版。通过发展家庭农场，松江区改变了土地一家一户的分散经营方式，引入现代生产要素扶持改造小农户，将土地、劳动力、农机等生产要素适当集中，实现适度规模经营，提升了农业经营集约化、标准化、绿色化水平，促进了小农户和现代农业发展的有机衔接。

发展家庭农场是实施乡村振兴战略的客观要求。发展家庭农场破解了"谁来种地""如何种地"难题，通过依靠机械化、规模化和社会化服务，大幅度提高了农业劳动生产率，有力助推了粮食生产稳定、农民增收和产业振兴。组建家庭农场后，松江区的粮田由本地农民规范种植，改变了过去1/3的粮田由外来户低水平经营的情况，通过实施绿肥、发展种养结合等措施，增加了土壤肥力，促进了农田养护，有效促进了农业生态环境改善。[②]

---

① 我国家庭农场发展现状及发展方向[OL]. https://www.feedtrade.com.cn/livestock/forecast/2311206.html.
② 对家庭农场推进农业现代化的思考[OL]. http://journal.crnews.net/ncgztxcs/2023/dslq/gzsj/957080_20230817085413.html.

四、家庭农场与现代农业

（一）家庭农场是建设现代农业的重要力量

家庭农场契合经济社会发展阶段。改革开放以来，我国确立的以家庭承包经营为基础、统分结合的双层经营体制，极大地调动了农民的积极性，解放了生产力，对促进我国农业发展发挥了至关重要的作用。40余年的实践证明，这一制度具有旺盛的生命力。但由于我国农地极度细碎化的现状以及农业生产力的快速发展，小规模农业经营单位劳动生产率低、规模效益缺乏、农产品市场竞争力不强等方面的制约性开始逐步显现，亟须通过发展多种形式的适度规模经营来提升农业发展水平和竞争力。而家庭农场是对家庭经营制度的完善和延续，坚持了家庭经营在农业中的基础性地位，适合我国基本国情和农村实际，符合农业生产的特点，契合经济社会发展阶段，具有形态上的稳定性。

家庭农场符合现代农业的经营主体要求。现代农业的发展对创新农业经营方式、培育新型农业经营主体提出了明确要求。从世界农业发展的普遍规律来看，家庭农场成为农业生产的基本单位在19世纪中期就已经相当普遍，在20世纪所占份额显著上升，无论是在"人少地多"的美国、加拿大，"人地平衡"的法国、德国，还是"人多地少"的日本、韩国等国家，家庭农场都是最普遍的一种农业经营组织形式。在我国，家庭农场具备专业务农、集约生产、规模适度等特征，具有较高的土地产出率、资源利用率和劳动生产率，其生产规模与家庭成员的劳动生产能力相适应并保持相对稳定，达到了与当地城镇居民相当的收入水平，对于保障农产品有效供给和促进农民增收具有重要作用，是促进现代农业发展的重要农业经营形式之一。

（二）家庭农场有利于推进现代农业发展

家庭农场有利于农业生产的专业化。家庭农场的经营者，一般具有较高的文化程度，在农业生产技能和资金投入能力方面具有优势，能够为农业生产提供机械和农业设施等必要装备，更能适应现代农业专业化生产的要求。

家庭农场有利于农业生产的规模化。家庭农场的生产经营一般在家庭成员的主导下，使用少量雇工就可以运作，属于适度规模经营。实践证明，家庭农场的经营规模不是越大越好，其经营规模要与自身的劳动力、机械设备、农业科技装备水平、社会化服务水平等现实情况相适应。

家庭农场有利于提高农业产出效率。家庭农场的经营者们具有一定的投资能力，通过更新农作物品种、采用先进的耕作技术、改造农田水利设施等途径，可以大幅提高农业的产出率。

家庭农场有利于农业生产设施装备水平的提高。设施及装备水平是农业现代化的重要组成部分，在农业生产中的作用显著。有调查显示，从事淡水养殖的家庭农场，普遍都建有完善的饲料投喂系统、增氧系统，从事果品和苗木生产的家庭农场建有喷灌、滴灌系统，从事果蔬生产的家庭农场建有钢架大棚等农业设施。

家庭农场提高了农产品的商品化率。家庭农场生产的农产品，供自己家庭使用的只是极少一部分，绝大部分农业产品都是要进入市场提供给社会全体成员，其产品的商品属性非常明显。

（三）家庭农场有利于国家粮食安全、食品安全

家庭农场对确保粮食安全具有重要作用。在中国这样一个人口大国，只有立足粮食基本自给，才能掌握粮食安全主动权，进而才能掌控经济社会发展这个大局。由于我国人口基数大，经济发展水平和人们的消费能力不断提升，粮食需求量呈现刚性增长。党的十九大报告再次强调，确保国家粮食安全，把中国人的饭碗牢牢端在自己手中。家庭农场等新型农业经营主体的发展有利于提高粮食综合生产能力及商品率，对提升粮食安全保障水平意义重大。

家庭农场能有效保障食品安全。与传统小型农户相比，家庭农场可以使分散的土地、资金和劳动力等生产要素在较大范围和较高层面上有效结合，有利于实行统一生产资料供应、技术服务、质量标准和营销运作，有利于对农业投入品进行监管，有利于推进农业标准化和品牌化建设，便于探索基地农产品的准出和追溯管理，从而有利于保障农产品的质量安全。一般来说，家庭农场比小农户更加重视市场，与市场的互动和对接更加充分，更加关注市场需求，重视并以市场需求为导向指导生产经营，提高农产品的质量，为市场提供安全优质的农产品，从而适应消费升级的需要，提高我国农业的效益。

（四）家庭农场有利于促进土地适度流转

只有将土地的"钱"力激发出来，农民的生意才能做大。2013年中央一号文件提出，鼓励和支持农民的承包土地向家庭农场等经营主体流转，以发展适度的农业规模经营。在我国，实现农业规模化经营的重要途径就是促使土地流转，即指拥有土地承包经营权的农户将土地经营权转让给其他农户或经济组织，自己保留土地承包权。总体来看，家庭农场的发展能够从以下几个方面有效促进农村土地适度流转：

（1）有利于规范流转程序，保护农民权益。家庭农场具备独立的法人资格，其经营者具有独立经营的企业法人管理意识，他们会尽可能地利用法律手段，规范农场土地流转程序，避免因土地纠纷而影响自身发展。家庭农场主的这一举措也同时保护了农民权益，消除了口头协议、默认经营等流转形式的纠纷隐患。

（2）有利于提高流转价格，激活流转市场。家庭农场主为获取长期经济效益，有动力提高流转价格以稳定土地来源。同时随着家庭农场规模的不断扩大，土地也成为各经营者争夺的重要资源，从而进一步刺激流转市场，为建立规范的流转平台提供市场支持。

（3）有利于巩固双方信任，加强用途监督。家庭农场所租用的土地都是经营者利用地缘、血缘等关系租赁获得的，具有因乡土关系而建立的双方信任。同时由于此种乡土关系，土地流出方能够有效监督其所拥有土地的用途。这在政府监管之外，又为土地用途监督添加了另外一种保障。

以案明知

模块一　种植农场模式

● A案例——科技示范引领，技术推广应用：阿智农场

一、基本情况

青白江区阿智农场创办于 2018 年 7 月，坐落在成都市青白江区福洪镇杏花村 11 组。农场主阿智，农场有家庭成员 4 人，劳动力 4 人。农场主要从事优质杏新品种、新技术展示推广示范，成都平原车厘子试验示范。农场占地 3.97 万平方米，是集科研、教学、示范于一体的功能性园区。农场先后获得"四川省家庭农场省级示范场""四川省农业科学院现代农业科技示范农场"，凯特杏送检获得"第三批全国名特优新农产品"。

二、案例分析

本案例中的农场是以种植当地红杏为主的水果种植型家庭农场，农场主阿智是一名优秀的返乡创业青年。阿智农场经营最大的突破就是通过技术上的改良，钻研科研技术，实现农场增收。

农场坚持创新，以搞科研的精神开展各种试验。在专家的帮助指导下，两年时间内完成了 8 项科技成果突破，攻克了 10 余项种植难题。其中，老树去旧留新，桥接换根，摘心揉枝，高接换种，抗重茬砧木等技术的运用，大大提高了福洪杏的产量，从原来的每亩（1 亩≈666.67 平方米）400 千克提高到每亩 1 200 千克。做出显著成绩后，其得到了当地种植户的认可，渐渐地，上百户村民也开始一起跟着干。

农场严格把控产品质量，健全生产制度，积极录入全国农产品质量安全溯源体系，实现产品可溯源。积极配合政府部门，向农户宣传"绿色种植，生草种植"的观念，鼓励使用有机肥。农场目前成功申请"阿智""杏任我"两个商标，积极提升品牌形象，加大宣传，将优质农产品推广出去。

农场与当地旅游业合作，将优质农产品与高端民宿结合形成康养产业，以提前预售、领养、定制及体验农事等方式，提高农产品的经济价值；同时也帮助民宿留住客人。农场提出"经营性场所+农场+农户"主题农庄模式，将每亩地在原有基础上多产生了一倍的效益，实现互利共赢。同时借助自媒体平台，大力宣传提高影响力，达到快速引流的目的。

农场本着集约化适度经营理念，将自己面临的问题及时向当地主管部门汇报，在各级部门支持帮助下，建立了一套杏子生产标准，将自己的技术、种植成果和当地农户

进行分享，引导当地种植户科学种植。2022年带动100余农户，人均增收3 000余元。
（案例来源：阿智农场主张学智结合农场情况编写）

三、知识链接

（一）家庭农场水果种植新技术

（1）桥接换根技术：利用大杏树基部萌条，或单独采用一支长梢接穗，越过病疤或伤口与砧木接合，类似于搭桥，故称桥接。合理的断根可增加杏树根量，提高根系吸收水分和矿物质的能力，也能在一定程度上抑制杏树的整体长势。杏树根系光秃严重的，采取疏大根或短截中等粗度的根，刺激根基部伤口处发根；杏树根系分支少的，适当短截促发分枝。断根后，由于杏树根系处于发育的高峰期，伤根易愈合。

（2）抗重茬砧木技术：也叫组培粘木。枯木树龄高、病菌多，抗重茬地是在无菌环境下组培出来的，所以能健康生长，抵抗力强。

（二）家庭农场集约化适度经营

集约化经营，是与粗放经营对应的，是指以技术进步为基础，依靠采用新技术措施和科学管理，提高生产资料的使用效率和劳动生产率来实现扩大再生产的经营方式。家庭农场集约化适度经营是指家庭农场在发展过程中要根据自身的实际情况，适度扩大再生产，实现规模经营。

（三）家庭农场农产品质量安全溯源体系

家庭农场农产品可以加入全国统一的追溯管理信息平台、制度规范和技术标准。目前国家选择了苹果、茶叶、猪肉、生鲜乳、大菱鲆等几类农产品统一开展追溯试点，逐步扩大追溯范围，力争农业产业化发展水平高的家庭农场、有条件的"菜篮子"产品及"三品一标"规模生产主体率先实现可追溯，从而使品牌影响力逐步扩大，生产经营主体的质量安全意识明显增强，农产品质量安全水平稳步提升。

● **B案例——农场+合作社模式，规模经营增效益：明兴枇杷种植家庭农场**

一、基本情况

明兴枇杷种植家庭农场位于云南大理州永平县厂街乡杨柳树村，农场不断探索农业生产专业化、技术标准化，运用良种良法，始终坚持绿色生态种植，通过规范化、精细化管理，努力挖掘高岗地增产潜力。注册了"厂街枇杷"商标，2022年被云南省列为全省名特优新农产品，积极打造绿色"厂街枇杷"品牌，开展品牌化营销，提高产品附加值，实现了产量和效益双提升。在铸牢"厂街枇杷"品牌基础上，采取"家庭农场+合作社+小农户"的发展模式，引导全村186户农户按照"五统一分"管理模式，立足枇杷金字招牌，着力打造"一村一品"特色产业。2020年农场被评为州级示范家庭农场，2021年被评为省级示范家庭农场，2023年2月入选全国家庭农场典型案例。

二、案例分析

本案例中的农场采取"家庭农场+合作社+小农户"的模式，为周边农户提供苗木培育、生产技术、基地教学等服务，带动杨柳树村枇杷种植面积达到1.31平方千米，使家庭农场成为当地特色产业发展的"领头雁"。"大五星枇杷"已成为杨柳树村继泡核桃产业之后的又一新兴支柱产业。农场牵头与村民合作成立了"永平县厂街乡杨柳树村绿野枇杷种植农民专业合作社"，通过"家庭农场+合作社+小农户"的模式，不仅充分发挥了农民合作社的组织、引导和销售服务的桥梁纽带作用，还充分发挥了家庭农场规范化、标准化生产技术的试验示范作用，有效引导全村100多户农户从事枇杷种植，按照"五统一分"管理模式发展枇杷产业，即"统一生产技术、统一供应农资、统一包装、统一品牌、统一销售"和"分户管理"，大力发展订单农业，确保农场和果农不为卖果发愁，实现了枇杷产业在全乡镇的纵横扩张。

农场坚持规范建立台账和生产记录。农场主每天兜里总是装着一支笔、一个小笔记本，把每天的农事安排、生产资料进出、气温、风力、天气、土壤情况都详细记录下来，晚上回来再记到台账上。同时定期进行收支比对，研究最佳发展思路。2022年农场安装使用了"家庭农场随手记"后，实现了生产经营数字化、财务收支规范化、销量库存即时化。

（案例来源：根据农业农村部合作经济指导司《全国家庭农场典型案例（2022）》改编.）

三、知识链接

（一）家庭农场随手记

"家庭农场随手记"记账软件由农业农村部农村合作经济指导司组织开发，免费提供给广大家庭农场使用。该记账软件由基本信息、记一笔、库存记录、债权债务、报表查询、政策宣传、个人中心7个功能模块构成，具有信息记录、便捷记账、报表查询、政策宣传4个功能。该记账软件可以满足家庭农场财务收支、生产销售等基本记账需求，便于家庭农场强化经营管理、促进规范运营。

（二）"家庭农场+合作社+小农户"模式

以合作社为桥梁，以家庭农场为基础，小农户作为新型农业经营主体加入这种模式，是创新农业生产经营组织的有效途径。"家庭农场+合作社+小农户"的联合辐射带动农户的种植意愿、扩大家庭农场的经营规模、增加合作社的经营范围、有效降低市场的交易成本，实现农业适度规模经营，推动农业现代化发展。

（三）家庭农场规范化管理制度

家庭农场规范化管理规章制度包括以下几个方面的内容：① 总则；② 岗位责任制度；③ 标准化生产制度；④ 财务管理制度；⑤ 品牌和示范创建制度；⑥ 雇佣工管理制度；⑦ 学习培训制度；⑧ 附则。

● C 案例——坚持一体化集成服务，实现多主体共建共享：佳源家庭农场

一、基本情况

佳源家庭农场位于浙江省江山市石门镇长山源村，创办于 2012 年。农场有家庭成员劳动力 7 人，常年雇工 6 人，季节性雇工 40～50 人，流转土地 1.53 平方千米，主要从事粮油种植、加工与销售。农场与合作社、种粮大户联合合作，在开展水稻育秧和粮食烘干的基础上，着力推进粮食生产加工一体化全流程服务。农场被评为浙江省示范性家庭农场，浙江省质量服务信誉 3A 级单位，2023 年 2 月入选全国家庭农场典型案例。农场创新"家庭农场+农民合作社+种粮大户"合作经营模式，突出抓好资源整合、质量把控、服务引领，推动内外部资源优化配置，有效实现粮食稳产增收，取得了较好的经济效益、社会效益与生态效益。

二、案例分析

本案例中的农场通过创新合作模式，打造集成服务，不断拓宽营销渠道，整合资源抱团发展，形成创新活力，粮食经营能力显著提高。农场加强安全管理、智慧生产，有效提升农场品牌与产品质量，绘就农业绿色发展新画卷。抓好安全管理，保障平安服务。农场秉承服务至上发展理念，持续拓展服务内容，优化服务质量，不断满足经营主体和农户生产需求，提升资源使用效率。

农场联合 6 家当地家庭农场和农民合作社、15 户种粮大户，组建江山市佳利粮食专业合作社联合体。联合体内部统一生产技术标准，共享资产、信息、市场、品牌，建立合作经营利益分配机制、监督约束机制，并在合同协议中明确相关违约责任。联合体对外发挥成员各自优势，为周边农户提供粮食生产社会化服务。目前联合体共有各类农机设备百余套，全年农机作业服务面积达到 15.33 平方千米。联合体组建后，基本实现了粮食耕种、管、收、储、碾、销服务全覆盖，有效满足了当地种植大户服务需求，业务范围还辐射到了周边地市。农场利用多年积累的渠道资源，与省内外客户建立了长期稳定的粮食供销关系，健全完善粮食收储设施，探索形成了产加销一条龙产业链条，每年对外统一销售联合体成员烘干后的粮食达 1.2 万吨。

农场与江山市农业机械管理总站对接，推进平安农机体系建设，配合做好农机安全生产工作。农场设安全员 1 名，定期开展农机安全性能检查和农机安全隐患排查，确保各项安全生产防范要求落到实处。家庭农场还对所有农机具、农机手进行台账管理，农机上牌率、检验率、驾驶人员持证率均达到 100%。

农场践行绿色理念，提升产品品质，以农药减量增效为目标，建成绿色防控示范区 0.33 平方千米，采取种植诱虫植物香根草、放置飞蛾诱捕器、安装太阳能杀虫灯等措施，带动周边农户科学减少农药使用。应用担架式喷雾器和遥控植保飞机等先进施药器械，开展专业化统防统治，提高植保作业效能。

农场与外地跨区机收作业队建立长期合作关系，在机收农忙时节，引进外地跨区机收力量，农场负责提供必要的便利条件。内外结合保障了当地粮食机收时间和作业质量，作业成本比农场自身"一包到底"更低，投入也更少。

（案例来源：根据农业农村部合作经济指导司《全国家庭农场典型案例（2022）》改编．)

三、知识链接

（一）家庭农场与专业合作社创建联合体

家庭农场与专业合作社创建联合体是以组织引导各地合作社横向联合和纵向联合，把各企事业协会组织和农民合作社联合起来，打造经济利益共同体的发展模式，以发展现代农业为宗旨，努力实现现代农业高效、农民收入跨越发展。本案例中的家庭农场联合了当地家庭农场和农民合作社、种粮大户共同成立粮食专业合作社联合体。

（二）家庭农场+农民合作社+种粮大户

家庭农场、农民合作社、专业大户都属于新型农业经营主体，种粮大户和家庭农场一起加入合作社，通过合作生产、统购统销、技术扶持等各环节，更好地发挥新型农业经营主体的作用，联合抱团发展，实现合作共赢。

（三）家庭农场作业成本法

作业成本是在农业会计成本核算中，按种植农作物的作业项目（如耕地、播种、收割、脱粒、排灌等）计算的总成本和单位成本，包括人力作业成本（包括工资和工资附加费）、畜力作业成本和农机作业成本。由于农业生产周期较长，农产品成本要收获以后才能计算出来，故计算作业成本有利于家庭农场按作业项目考核费用的发生情况，对加强成本的日常管理，及时控制费用支出，降低农产品成本具有重要意义。

● D 案例——科技赋能带状复合种植，大豆玉米增产增收增效：
　　　奉光荣种植家庭农场

一、基本情况

奉光荣种植家庭农场位于四川省遂宁市安居区，2014 年在市场监管部门注册，登记类型为个人独资企业，是四川省省级示范家庭农场。农场有家庭成员 5 人，常年雇工 3 人，季节性用工 50 人。农场主全面负责农场管理、粮食种植和农机操作，妻子负责后勤保障、库房管理，长女负责种植技术、农产品销售，次女负责农场资金财务农资采购管理，次女婿负责粮食加工，家庭成员各司其职、运转顺畅。农场主要种植水稻、小麦、玉米、大豆等粮作物，2021年经营土地0.47平方千米，经营收入130余万元，纯利润40余万元。2022年，农场实施土地宜机化改造开展大豆玉米带状复合种植技术的推广应用，经营土地达到1.4平方千米，其中大豆玉米带状复合种植1.07平方千米。

二、案例分析

本案例中的农场依托农机农技科技力量强化校地合作，采用"家庭农场+公司+农户"的模式发展订单农业，实施大豆玉米带状复合种植，有效提高了大豆、玉米等粮油作物的现代化种植水平。

农场与科研院校开展校地合作。在西南科技大学水稻专家团队的支持下，农场开展了水稻直播、秸秆还田等技术的试点转化利用，不仅培肥了地力，减少了化肥的使用量，而且在播种环节实现了每亩节约100元。试点项目让农场认识到，农业现代化要求农机和农技的深度融合，粮食的高产高质更要依靠科技支撑。农场通过良田、良种、良法、良机等生产环节环环相扣，筛选出适宜丘陵地区复合种植的大豆、玉米品种，以及最适宜机收的高质高产玉米品种，实现了"玉米不减产、多收一季豆"的目标。

农场在当地农业农村部门的指导下，结合地形地貌、气候特征，着手修筑机耕道路，调整田形，疏浚排灌水系，对土地进行宜机化改造，使地块由小变大、由陡变缓、由弯变直，实现了连片互通、能排能灌。农场的大中型农业机械通达全覆盖，所有作物种植实现全程机械化，种植规模和效益得到了全面提升。农场主根据地形地貌改装或改造机具，提升机具适用性，实现了一机多用，逐步推广运用到实际生产中，有效解决了除草难的问题，弥补了大豆玉米带状复合种植无法使用无人机飞防作业的短板。

（案例来源：农业农村部合作经济指导司、全国家庭农场典型案例（2022）[OL].）

三、知识链接

（一）大豆玉米带状复合种植

大豆玉米带状复合种植，是在传统间作套种的基础上创新发展而来的机械化生产的一季双收种植模式，即大豆玉米带状间作或套种。优势在于能充分发挥玉米的边行优势效应和大豆的固氮养地作用，实现玉米基本不减产，多收一季豆，在耕地资源有限的情况下，提高土地产出率；劣势在于现有农机具适配性差、技术标准要求高，增加了生产成本。

（二）家庭农场+公司+农户

随着经济发展和科技进步，农户经营规模进一步提高，促使生产经营方式创新，农户制逐渐向农场制转变。"家庭农场+公司+农户"模式化解了"公司+农户"下的利益分配难题，实现了龙头企业与农户间更紧密的联结机制，创新了现代农业经营方式。

（三）家庭农场订单生产模式

订单生产模式一般是指农业公司为了减少库存的维护成本等而尽量降低库存量，只按照客户的需求（也就是客户的订单）来安排生产的一种运作模式。家庭农场可以根据客户的需求和订单情况来决定生产什么类型的产品或提供什么样的服务，以尽可能地减少库存和避免浪费。本案例特指通过与当地农业龙头企业签订产加销协议来进行农场生产，帮助农场更好地适应市场需求，提高效率和降低成本。

（四）家庭农场校地合作

校地合作即学校与地方政府、企事业单位、社会团体等合作，共同推进教育均衡发展。这种合作模式不仅可以实现资源共享，提高教育资源的利用效率，还可以促进校地间的交流与合作，提升整体教育水平。本案例特指通过科研院所的指导改造等，提升农场的现代农业技术和提高农业机械化服务水平。

模块二 养殖农场模式

● A 案例——绿色生态发展，高效养殖模式：绿林源家禽养殖家庭农场

一、基本情况

绿林源家禽养殖家庭农场位于江苏省东台市，农场经过三十几年、三代人的不懈努力建设而成，现已发展成为一家标准规模家禽养殖家庭农场，拥有育雏舍 2 000 平方米，蛋鸡舍 4 000 平方米，生活、备料、办公区 1 000 平方米，总占地 2 万平方米，存栏鸡由原先的 8 万羽增加至现在的 18 万羽。凭借注册的"绿林源"驰名商标，农场鸡蛋畅销上海、南京等苏南各大中城市，不但为党和政府的"菜篮子工程"作出贡献，还扶持和带动周边农户发展养鸡业，致富奔小康，进而推进乡村振兴，赢得了家乡干群的一致好评。

二、案例分析

该案例农场秉持"生态高效、环境友好、产品安全、管理先进"的经营理念，坚持专业化、标准化、集约化发展方向，规范经营管理，提高生产技术水平，提升产品质量，走品牌化发展道路，推动家庭农场不断发展壮大，示范带动周边农户走上共同富裕道路，取得了良好的经济效益和社会效益。近年来，农场先后被认定为盐城市农产品质量安全示范场、江苏省畜牧生态健康养殖示范场、市级示范家庭农场。

建设过程中，农场合理布局，划分为生产区、生活区、隔离区、粪污处理区。生

产区建设标准化育雏鸡舍一栋、产蛋鸡舍三栋，场地全部硬质化。农场采用全进全出饲养模式设备，将清洁道和污物道严密分开，互不交叉。场区配备自动模式感应消毒设备，全天候无死角视频监控系统、中央料和仓饲料自动输送系统、层叠式鸡笼生产系统，建立智能化设备集自动喂料、自动饮水、自动控温、自动清粪、中央集蛋"五位一体"的现代化养殖体系，从而解放了劳动力，大幅度提高了生产效益。农场为全市禽蛋养殖行业树立了规模化、标准化、现代化生产标杆，成为东台地区蛋禽养殖行业发展的引领者。

农场严格按照无公害畜产品生产技术规程、畜牧生态健康养殖技术规范、饲养管理操作规程等规章制度进行操作，配备专业技术人员，按程序、按标准定期免疫，积极配合兽医主管部门进行定期、不定期的抗体检测，制定相应的应急管理程序，确保养殖生产安全平稳运行。农场严格执行《畜禽养殖业污染物排放标准》（GB 18596—2001）标准，采用自动清粪系统，严把生态环保关。

（案例来源：盐城市农业农村局，农情盐城公众号. 江苏省家庭农场典型案例：东台市绿林源家禽养殖家庭农场：坚持绿色生态发展，探索高效养殖之路[OL]. https://mp.weixin.qq.com/s/0X9ZKwLre_rtUjEl1npkIw, 2022-08-25.）

三、知识链接

（一）家庭农场无公害畜产品

养殖型家庭农场应采用生态养殖模式。无公害畜产品，是指产地环境、生产过程和产品质量符合国家有关标准和规范的要求，经认证合格获得认证证书并允许使用无公害农产品标志的未经加工或者初加工的食用畜产品。

（二）《农业畜禽养殖业污染物排放标准》

为贯彻《中华人民共和国环境保护法》《中华人民共和国水污染防治法》和《中华人民共和国大气污染防治法》，控制畜禽养殖业产生的废水、废渣和恶臭对环境的污染，促进养殖业生产工艺和技术进步，维护生态平衡，制定《畜禽养殖业污染物排放标准》。本标准适用于集约化、规模化的畜禽养殖场和养殖区，不适用于畜禽散养户。根据养殖规模，分阶段逐步控制，鼓励种养结合和生态养殖，逐步实现全国养殖业的合理布局。根据畜禽养殖业污染物排放的特点，本标准规定的污染物控制项目包括生化指标、卫生学指标和感官指标等。为推动畜禽养殖业污染物的减量化、无害化和资源化，本标准规定了废水、恶臭排放标准和废渣无害化环境标准。本标准按集约化畜禽养殖业的不同规模分别规定了水污染物、恶臭气体的最高允许日均排放浓度、最高允许排水量、畜禽养殖业废渣无害化环境标准。

（三）家庭农场养殖家禽抗体检测

抗体检测是目前家禽规模化中的一项重要工作，能及时了解疫苗注射后动物体内产生的免疫抗体水平和免疫效果；根据检测结果选择最佳免疫时间，随时监测鸡群情况，配合抗原检测提前预知疾病的发展。本案例中的家庭农场根据以下三种情况对鸡群进行抗体水平检测：一是蛋鸡产蛋期或高峰期为减少免疫次数，防止免疫应激，准确把握免疫时间，进行抗体检测，根据抗体值、离散度情况确定接种时间。二是鸡群发生疫病，通过检查抗体，查看抗体高低。如果抗体高于发病阈值即可判定鸡群内有发病鸡只或鸡群发病。三是评价疫苗产品质量，检测鸡群抗体生成快慢、维持时间长短和抗体高峰值高低。

B案例——标准化养殖出效益，产业化经营见成效：鸿发家庭农场

一、基本情况

鸿发家庭农场位于四川省开江县广福镇夏家庙村。农场主是一个立志扎根乡村、改变乡村、发展乡村的"90后"年轻人。2012年逐步继承父业，开展生猪养殖；2013年11月登记成立家庭农场，主要经营生猪、家禽养殖销售，生姜种植及销售。成立当年，农场出栏商品猪800多头，利润达到16万元。2017年被评为四川省畜禽标准化示范场，2018年被评定为四川省省级示范家庭农场。目前，农场建有生猪标准化养殖场1个，建成标准化生猪养殖圈舍6 000平方米，占地3.32万平方米，家庭成员5人，长期雇工2人，存栏生猪共3 640头。

二、案例分析

本案例中的家庭农场不断健全规章制度，提高家庭农场管理水平。一是加强管理制度建设。建立完善的疾病防控、消毒管理、饲养管理等管理制度，并按照家庭成员的岗位职责，明确工作目标任务，形成了分工明确、责任落实的管理体系。二是提升农场管理水平。家庭农场参照企业管理的要求，建立健全财务管理制度，实行绩效考核。

开展高标准生猪养殖，推行"绿色、生态、安全"发展。一是推进标准化规模养殖。家庭农场按照"畜禽良种化、养殖设施化、生产规范化、防疫制度化、粪污无害化"的标准化要求，实现养殖设施化，使养殖场科技含量不断提高，标准化水平不断提升。二是不断提升养殖技术。农场以16.8万元的年薪聘请一名高级畜牧师，专门负责猪场管理和技术，不断向畜牧师学习新知识、新技术，使农场成员养殖技术水平持续提高。三是推行生态发展模式。生猪养殖必须注重环保，走生态发展之路。家庭农场与广福镇优质茶叶生产基地签订粪污消纳合同，生猪生产的粪尿等废弃物通过猪场发酵处理，全部提供给广福镇福龟产业有限公司茶叶种植基地，起到了良好的示范带动作用。

推进产业化经营，带动适度规模养殖户发展。一是围绕市场需求安排养殖。坚持

以销定产，不断调整养殖结构，淘汰低产能繁母猪，减少存栏量，降低投入周转资金。根据市场预测情况，延长出栏时间30～50天，由原来的125千克出栏标准延长至150千克，不仅降低了成本，还提高了猪肉品质，实现了规模养殖与市场的有效对接。二是多维度发挥示范带动效应。农场通过发挥杜洛克优良种公猪的优势，在周边乡镇大力推广优质"外三元"杂交商品猪，为周边养殖户免费开展生猪养殖培训，提高了当地生猪质量。三是实行带动式销售策略。家庭农场长期坚持把市场信息、销售价格等信息通过微信群等方式，传递给适度规模养殖户，拓宽周边养殖户的销售渠道，不断提高养殖户的生产经营能力。

（案例来源：农业农村部合作经济指导司. 全国家庭农场典型案例（2019）[OL].）

三、知识链接

（一）家庭农场养殖畜禽良种化

畜禽良种化，要求在选种、培育上下功夫，净化种群，淘汰劣质，利用遗传育种学选种选育。主要建设内容为畜禽良种繁育基地生产性基础设施建设、良种引进及相关仪器设备的购置，具体包括：棚舍、孵化厅、兽医室、采精室、质检室、胚胎室、药浴池、库房、加工车间、青贮窖等生产性基础设施建设；场区道路、污水处理池、输变电线路、电增容设备、围墙等生产性辅助设施建设；生产、污水处理、质检（医疗）等方面的仪器设备以及种禽、种畜、胚胎引进等。

（二）养殖饲料报酬

饲料报酬，是畜牧业生产中表示饲料效率的指标，它表示每生产单位重量的产品所耗用饲料的数量。饲料报酬一般用耗料增重比（料重比、料肉比、饲料消耗比）来表示。即每增加1千克活重所消耗的标准饲料千克数。计算公式为：耗料增重比（料重比）=标准饲料千克数/增重千克数。在计算饲料报酬中，用"耗料增重比"较"料肉比"的概念更准确，因增加的不是"肉"，而是体重。标准饲料量是指按饲养标准配制的饲粮量。否则，将缺乏可比性。也可从相反角度，用饲料转换率（饲料消耗率）来表示。所谓饲料转换率，指同一时间内所增加的活重量占所消耗的饲料量的比率。饲料转换率（%）=增加的活量/消耗的饲料量。

（三）养殖畜禽粪污无害化治理

畜禽粪便是农业生产中不可避免的产物，但如果不加处理直接排放，会对环境和人类健康造成严重影响。因此，对畜禽粪便进行无害化处理是非常必要的。畜禽粪便无害化处理是农业生产中必不可少的环节。堆肥处理、生物发酵处理和热处理等方式，可以有效地消毒杀菌，减少对环境和人类健康的影响，同时还可以将畜禽粪便转化为有机肥料和生物质能源，实现资源化利用。

C案例——小农场大作为，打造"有机僵蚕第一乡"：宝塔家庭农场

一、基本情况

西充县中南乡宝塔家庭农场，位于四川省西充县槐树镇，主要从事僵蚕工厂化养殖。农场主小周大专文化，是新型职业农民、农业职业经理人。截至2020年，已养蚕1 000张，产僵蚕31 000千克，收入342万元，综合收入近360万元。该家庭农场被评为"四川省百强家庭农场"，被西充县委、县政府命名为2020年度推进现代农业建设"示范农业新型经营主体"称号。2015年在西充县中南乡建设了有机僵蚕生产基地，开了僵蚕人工养殖先河，创建了四川唯一也是全国唯一的人工养殖僵蚕基地。

二、案例分析

本案例中的农场在返乡创业的农场主小周的带领下，推进发展西充县中南乡全乡整乡蚕桑产业，实施全国"有机僵蚕第一乡"项目。2017年该项目列入南充市委、市政府2017—2020重点产业项目，跻身省科技厅科技创新项目展示平台。同时，动态调整，扩大僵蚕养殖规模和桑叶加工产能，消化了周边乡村富余桑叶300吨以上，带动近百人就业，建设优质桑园1.33平方千米，带动全乡整体推进僵蚕产业发展。

2011年，小周回家整治0.2平方千米荒地，栽桑养蚕。由于缺乏技术和劳动力，他开始认真钻研技术，在一次学习中偶然听老师说人工养殖僵蚕是国内一项技术空白。于是他带着创业团队先后到广西、云南、浙江和四川其他市县了解行情、对接药商、探求僵蚕养殖技术。到西南大学、四川农业大学、西华师范大学等学习请教，终于攻克了白僵菌种选育技术和僵蚕人工养殖技术的难题，填补了国内技术空白，形成了小蚕共育、成蚕养殖、僵蚕加工、订单销售一条龙产业链，开创了蚕桑生产新业态。为了推进僵蚕产业化发展，周志毅带领团队研制了自动控温、控湿新型蚕房和自动化升降省力蚕台，取得了两项实用新型专利；与科研院所合作成功探索出了菌株靶向培育和窗口期菌株接种等全套僵蚕工厂化生产技术，申报了发明专利。

他学习了技术以后没有忘记乡亲，开展了保姆式帮扶。帮助贫困村改造老桑园、新建密植桑园0.16平方千米。对帮扶农民实行"四包"：包技术培训、包小蚕共育、包僵蚕菌苗接种、包产品回收。农场按面向未来、科技支撑的建设理念，走技术创新和推广结合路子。主动与四川农业大学、西华师范大学合作，把农场作为大学生创业实践基地，把农场作为职业农民培训实训基地；与蚕研所合作，把农场作为定点蚕研基地；与西充县教科体局合作，把农场作为科普基地。着力培育年轻人，将大学生吸纳进农场创业，并用"同学带同学"的方式，帮助一批大学生到农场进行创业实践。

（案例来源：四川省家庭农场发展创业联盟公众号.会员风采：小农场大作为，带动全乡打造"有机僵蚕第一乡"——西充县中南乡宝塔家庭农场[OL]. https://mp.weixin.qq.com/s/HOKzRr-C98XyebqBxTDNjg, 2021-06-11.）

三、知识链接

（一）养殖僵蚕菌珠接种技术

本案例中的僵蚕菌株接种技术是农场攻克的一项非常重要的难题。制作菌种，需要取 50 个 500 毫升的空输液瓶装入凉开水，将白僵菌试管母种一支，接入 10 个瓶中，静置 1 小时后作原种，再将每瓶原种分别接入 5 个瓶中，即制成液体菌种。如无试管母种，可用凉开水淘洗自然染病形成的僵蚕。淘洗后的凉开水，也可作为液体菌种使用。

（二）家庭农场返乡创业用地政策

各省市针对返乡创业者从项目立项到创业成功的全过程，从办理证照、土地支持、平台搭建、财政支持、金融担保、创业服务、试点示范、表彰奖励等环节，全链条式制定了各项扶持创业的优惠政策。以四川省为例，用地支持政策中明确了对创业者土地流转达到 0.04 平方千米以上的可给予奖补，其中开展粮食种植 0.02 平方千米以上可按规定享受种粮大户补贴政策；明确了土地出让价的最低标准，进一步支持创业者从事农林牧渔业产品初加工创业；明确对农村新产业新业态新增建设用地按计划总量的 8% 予以单列，对从事森林康养、休闲农业和乡村旅游等农业经营主体，其辅助设施建设用地可再增加 3%，加强了创业用地保障。

（三）家庭农场办理养殖场申请流程

《全国土地分类》（GB/T 21010—2007）和《关于养殖占地如何处理的请示》规定：养殖用地属于农业用地，其上建造养殖用房不属于改变土地用途的行为，占用基本农田以外的耕地从事养殖业不再按照建设用地或者临时用地进行审批。

（1）养殖用地是由国土部门提前统一规划的，新建养殖场绝对不允许占用基本农田，尽量占用劣地和荒地。

（2）需要办理养殖项目个人申请，先经村镇同意后，再到畜牧部门办理养殖备案手续。

（3）携带个人养殖申请、村镇证明、养殖备案手续到当地国土所申请办理养殖用地备案手续。

（4）国土所进行现场测量，出具地类、规划等证明，签订土地复耕协议，报国土局审查备案。

（5）如果养殖用地建设了永久性建筑，则还需要办理农业用地转建设用地的审批手续，然后还要缴纳一定的使用费和造地费。

● **D 案例——一只"小蜜蜂"是怎样创造出大产业来的：昆斯蜜蜂农场**

一、基本情况

在英国德文郡北部南莫尔顿小镇，有这样一家祖孙三代共同谱写的传奇农场，它便是昆斯蜜蜂农场（Quince Honey Farm）。农场是以蜜蜂为特色，集吃、购、游、赏、玩、学于一体的多功能观光型家庭农场。它从1949年创立至今已有70多年的历史。

1949年，农场的创始人乔治·华莱士（George Wallace）经过在约克郡养蜂场的艰苦努力，获得了实际的养蜂经验，仅凭着两个蜂巢，创立了"昆斯蜜蜂农场"。20世纪70年代，乔治的儿子帕迪（Paddy）和乔恩（Jon）也参与了这项业务，开始从事养蜂事业。农场的蜂巢数量从750个迅速上升到1 500个，乔治实现了创建英国最大蜂蜜农场的梦想。1978年，昆斯蜜蜂农场搬迁到新的场所——南莫尔顿（South Molton），农场创建了当时世界上规模最大的蜜蜂展览。80年代，农场还因帕迪（Paddy）的创新机械操作蜂箱而享誉全球，并被全球养蜂人公认为是世界上最具创新性的蜂箱。90年代，这个以蜜蜂为主题的家庭农场又开始进行一系列产品研发，研发出的商品包括一系列蜂蜜护肤品、蜂蜜果酱、蜂蜜芥末酱、蜂蜜酸辣酱、家具上光剂、带有蜜蜂图案的印花丝巾、围裙等周边物品，介绍蜂蜜的医用书籍，有关蜂蜜的健康食谱，花粉识别卡片等。2004年，第三代掌门人伊恩（Ian）加入农场，他在现有农场基础上，改进了商业养蜂技术，尝试增加蜂蜜产量，然后在家庭的辛勤工作的基础上开发创新的旅游项目。到2013年，农场又搬到了南莫尔顿的一个更大的地方，面积也从3英亩（1.214万平方米）扩大到了54英亩（21.853万平方米），并于2019年4月在新址开业。

二、案例分析

本案例中的昆斯蜜蜂农场从祖父创始人到第三代掌门人不断将农场功能升级，不仅让农场核心业务得到保护并传承，还通过产业融合对接，让农场发展体系更加完善。这一过程中有以下地方值得我们借鉴与思考。

（一）主题更深的挖掘

近年来，休闲农业发展迅猛，以家庭农场为主的休闲农业主体成为近年来农业发展的亮点之一。而市场中发展较好的家庭农场大多有明确的主题，再往上能成为佼佼者的，不仅要有明确的主题，还要在主题深度上有一定的思考，善用主题元素，建立农场特色。正如昆斯蜜蜂农场的发展过程一直以"蜜蜂"为主题，用蜂巢转化的六边形元素，作为园区花园形式，种植作物也与"蜜蜂"有关，形成了自己的特色优势。

（二）注重体验与得到

如今游客对家庭农场的追求绝对不是走马观花般的吃吃喝喝。农场要从游客的体验与得到出发，去设计与农场自身相关的特色项目。因此，家庭农场拓展开发体验与教育板块是必要的。昆斯蜜蜂农场为团体游客制定专属游览、训练日程，还与周边学校进行战略联合，并通过多年的反馈和经验积累，不断调整农场研学课程。课堂内，农场为孩子们提供了有关蜜蜂的主题课程；课堂外，农场开展了各种实操体验学习，真正找到了娱乐和教育价值之间的平衡点。

（三）不断地创新追求

现代社会是快速且多变的，农场的发展也要随着市场变化不断创新与变化。首先，农场发展到一定阶段，一定会追求更大的农场面积和产品数量。其次，从市场调研来看，创意产品的销售，已经成为农场重要的经济来源。当然，产品创意不局限于制造出来的产品，除了要注重体验与得到，还要有体验项目的创意和得到方式的创意等。正如，在昆斯蜜蜂农场不断发展变化的过程中，从 2 个蜂箱开始到现在的 1 500 个，面积也从 3 英亩（1.214 万平方米）扩大到了 54 英亩（21.853 万平方米），实现了产品和农场面积的双重增加。农场更从现代技术角度进行创新思考，研发了新型交互式蜂箱，创新了参观体验。对蜂蜜进行精深加工，形成了可食、可用、可看的蜂蜜制品；同时在蜂蜜产品的包装上也进行了考究设计，形成了产品特色，打出了农场产品品牌。丰富的产品体系给了游客更多的购买选择。

（四）合理的产品价格

农场会因产品定价高的问题而让游客有所顾虑，造成产品售出不理想。正所谓金无足赤人无完人，倘若农场能对原料或定价过程进行合理评估，选择性对外公布，打消游客价格顾虑，创造溢出价值，或许会促进产品更好地销售。这也是农场发展要考虑的，不要有"游人来玩不差钱的想法"。昆斯蜜蜂农场的做法也证明了合理的产品价值，更易于让消费者接受，从而利于产品销售。

（案例来源：乡村集结号. 特色蜜蜂农场：一只"小蜜蜂"是如何创造出大产业的？[OL]. https://baijiahao.baidu.com/s?id=1763832533132290444&wfr=spider&for=pc，2023-04-22.）

三、知识链接

（一）观光型家庭农场

观光型家庭农场是指家庭农场广泛利用农场的空间、自然资源和农业生产等条件，通过合理规划、设计、施工，建立具有农业生产、生态、生活于一体的家庭农场观光区域，为人们提供观光、休闲、度假的生活性功能，从而使家庭农场盈利增加。

（二）家庭农场与休闲农业的关系

休闲农业可将家庭农场作为产业基础，以农业生产、农村风貌、农家生活、乡村文化为基础，开发农业与农村多种功能，提供休闲观光、农事参与和农家体验等服务的新型农业产业形态。休闲农业是利用农业景观资源和农业生产条件，发展集观光、休闲、旅游于一体的一种新型农业生产经营形态。休闲农业包括农家乐、休闲农园、休闲农庄和休闲乡村 4 种基本形态。休闲农业可以深度开发农业资源潜力，调整农业结构，改善农业环境，是增加家庭农场农民收入的新途径。本案例中的农场有效地利用蜂蜜养殖和蜂蜜产品开发相关休闲农业系列活动，实现了生产娱乐的有机结合。

（三）家庭农场规划创建步骤和注意事项

第一步：确定农场的目标和愿景。

首先明确农场的主要目标和愿景。这可能包括种植蔬菜、养殖家禽、养殖畜牧等。明确的目标能指导后续的规划过程。

第二步：选址和土地准备。

（1）土地选择：选择适合自己种植和养殖需求的土地。确保土地有足够的阳光、水源和排水系统。进行土壤测试以了解土壤的质量和肥力。

（2）土地准备：清理土地，清除杂草和石头。根据自己的种植需求，建立田地、渠道和园区。

第三步：制订详细的农业计划。

（1）作物选择：根据土地和气候条件，选择适合的作物。考虑多样化种植，以减少风险。

（2）畜牧选择：如果计划养殖畜牧，要选择适合农场的家禽或牲畜品种。

（3）生产周期：制订每个季节的作物轮种计划，以最大限度地利用土地和资源。

（4）肥料和农药管理：制订肥料和农药使用计划，以确保作物的健康生长。

第四步：建设基础设施。

（1）灌溉系统：根据土地和作物需求，建立适当的灌溉系统，可以是滴灌、喷灌或其他方式。

（2）兽舍和禽舍：如果计划养殖畜牧，应建立合适的动物舍和围栏。

（3）储藏设施：建立用于储存作物和设备的仓库。

（4）办公室和休息区：为自己和工作人员提供一个办公室和休息区，用于管理和计划工作。

第五步：资源管理。

（1）人力资源：雇佣合适的工作人员，或者考虑与家庭成员共同管理农场。

（2）资金管理：建立农场预算，监控支出和收入。考虑申请农业补贴或贷款。

（3）时间管理：制订详细的工作计划，确保农场各项工作有序进行。

第六步：市场营销和销售。

（1）寻找市场：研究当地和区域市场，确定潜在的销售渠道，包括农贸市场、超市、餐馆等。

（2）品牌宣传：建立农场品牌，创建网站或社交媒体页面，进行市场宣传。

（3）销售策略：制定销售策略，包括定价、包装和配送。

第七步：监控和评估。

（1）定期检查：定期检查农场，确保作物和畜牧健康，防止疾病和虫害。

（2）收入和支出：每年审查农场的收入和支出，根据情况做出调整。

（3）顾客反馈：听取客户的反馈，不断改进产品和服务。

第八步：扩大和多样化。

当农场进入稳定运营后，可以考虑扩大规模或多样化产品，可能包括增加土地面积、引入新的作物品种或畜牧品种，或者探索农场旅游和教育活动等增值项目。

模块三　生态农场模式

A 案例——采石宕口创农场　生态农业稳发展：如花家庭农场

一、基本情况

如花家庭农场位于江苏省镇江市马埂村，创办于 2009 年，农场总面积 10 万平方米，其中桃园 4.67 万平方米、樱花海棠花苗圃 3.33 万平方米、旱杂粮 1.33 万平方米、西瓜 0.33 万平方米、山泉水 0.33 万平方米，在树林里放养的鸡、鸭、鹅等家禽总量 1 000 余只。农家乐和住宿的建筑面积超过 600 平方米，2016 年被评为"省级示范家庭农场"，2019 年入选农业农村部推介的第一批全国家庭农场典型案例，2021 年销售额达到 30 多万元。

二、案例分析

本案例中的农场坚持有机生产方式，发展立体种养生态农业，用绿色发展理念指导农场发展，将"绿水青山就是金山银山"落到实处。如花家庭农场并没有像其他家庭农场一样，承包已经有一定耕作基础的土地，而是承包了一座废弃的采石宕口。这种采石宕口因过度开采基本没有了土层，宕口的地面石头裸露、土壤贫瘠，很难种植农作物。农场首先将原有的土地进行了平整，并在原有地面上垫了 20 多厘米的土。同时，为了更好地增厚土层，培肥地力，将鸡粪施加到土中，以增加土中的营养和有机质。贫瘠的土地渐渐有了生机，荒芜的采石宕口逐渐变成了一片沃土。如花家庭农场通过自身的行动表明，土地作为农业不可替代的生产资源，农业生产中既要用地，也要养地，持续保持土地的肥力。

农场坚持生态种植的理念，利用生物防控技术加强田间管理，坚持不使用农药、化肥和激素，让食物保持最自然的味道。比如：为了满足桃子生长所需的营养，农场在施肥上，会为每棵桃树施用 0.75 千克的菜籽饼及动物粪便，并搭配微生物菌肥；桃树开花季节，每棵桃树再追加生物菌肥；治虫方面则喷施纯酿造的米醋，除草时，也全部利用人工清除有害杂草，种植紫花苜蓿以草制草；在飞禽防治方面，农场采用了农村的土办法，通过立稻草人、悬挂气球和竖光盘驱赶飞禽；在家禽饲养方面，农场通过在饲料中添加剁碎的韭菜和大蒜进行防疫，在提升家禽免疫力的同时，又可以保证禽肉、禽蛋的口感和香味。

面对农业特有的农作物生长周期的特点，农场不再局限于单一的农作物种植，而是根据农作物之间的共生性关系，结合宕口的地形地貌特点，规划产业，开展多元化的种养殖。农场坚持短、中、长规划相结合，在农场入口两侧分别种植海棠和樱花，增加农场景观的同时，也为农场培育了长期产品；沿山体种植鲜桃，以马埂村土生土长的"野鸡红"为主，辅以油桃、水蜜桃，增加鲜桃的多样性，培育农场的中期产品和主力产品；在山体泉水口下面的水面低密度放养容易成活的鲫鱼，在树林和桃林里散养鸡、鸭、鹅等家禽，在宕山外的零散山地上种植旱杂粮和西瓜，让鱼、家禽、西瓜、旱杂粮成为农场当年种养当年收益的短期产品。农场建立起比较科学的布局结构和长中短期相结合的产品结构，确保收益的多元化，也有效分散了风险。最为重要的是，农场的短、中、长三线产业初步形成了区域立体生态循环系统，用山泉水来灌溉，在果园和苗木林里放养家禽，用旱杂粮喂养家禽，用家禽粪便补充地力。

（案例来源：中国农村网. 江苏句容市如花家庭农场：践行绿色发展理念 发展立体生态农业[OL]. http://crnews.net/zt/jtnc/zyjhl/129032_20200106084213.html，2020-01-06.）

三、知识链接

（一）生态农场

生态农场是依据生态学原理，遵循"整体、协调、循环、再生、多样"原则，通过整体设计和合理建设，采用一系列可持续的农业技术，将生物与生物以及生物与环境间的物质循环和能量转化相关联，对农业生物-农业环境系统进行科学合理的组合与管理，以使可持续产量最大化，同时打造资源匹配、环境友好、食品安全的农场。其简明定义就是要在持续获得最高产量的同时，保持环境友好和产品安全。

生态农场是农业绿色发展、污染防治、减排固碳的基本单元，遵循生态平衡规律，在持续利用的原则下开发利用农业自然资源，进行多层次、立体、循环利用的农业生产，拓展现代生态农业的多功能性，使能量和物质流动在生态系统中形成良性循环，实现了人与动物、植物、微生物和自然环境的有机结合，为人与自然和谐共生建立新机制。

（二）家庭农场种养循环生态农业模式

种养结合是生态农业中一个比较独特的模式，也是国家大力提倡的生态农业模式。典型的种养结合模式有以下几种：

（1）鱼菜共生。北京市怀柔区东方尚品农业种植专业合作社采用鱼菜共生模式，池塘上面种菜、池塘下养鱼，无土栽培的各种蔬菜长势良好。养鱼的水过滤后，变成了自带有机肥的"营养液"经过管道供给蔬菜；种菜的水经过养分吸收后，又变成适合养鱼的水。这样便形成了一整套小生态系统。

（2）稻鸭共生。广东阳西县建了20万平方米的"稻鸭共生"示范田。一块田，既种植又养殖，达到双重收益。"稻鸭共生"模式不仅可以降低鸭子的养殖成本，同时可以明显改善稻田的生态环境。鸭子在觅食过程中，可以吃掉水稻叶片背部的害虫及虫卵，产出的粪便也是很好的有机肥料。鸭子在水里不断游动，在加快水稻对养分吸收的同时也改良了土壤的通透性，达到了互利共生、高产、高效、无污染的生态高效种植效果。

（3）"鱼—桑—鸡"模式。池塘内养鱼，塘四周种桑树，桑园内养鸡。鱼池淤泥及鸡粪作桑树肥料，蚕蛹及桑叶喂鸡，蚕粪喂鱼，使桑、鱼、鸡形成良好的生态循环。

（4）"兔—沼—果"模式。蒙阴县依托丰富的林草资源，利用自身的果树和养殖条件，把蜜桃种植、长毛兔养殖和沼气建设结合起来，利用树落叶加工成饲料喂养长毛兔，兔粪进入沼气池发酵，生产的沼气用来做饭、照明，沼渣沼液用来给桃树施肥，构建形成"兔—沼—果"生态循环农业模式，既提升了果、兔产业附加值，又为果树提供了有机肥料，减少了化肥使用，提高了果品品质，实现了经济效益和生态效益"双赢"。

（5）"果—菌—肥"模式。蒙阴县将百万亩林果每年产生的12万吨果树枝变废为宝，以果木果枝为基料，粉碎制成菌棒菌袋，进行菌种培养后出菇，再利用"废菌包或细小果木枝条+畜禽粪便+微生物菌剂"的轻简化堆肥技术，制成生物有机肥进行还田，达到资源利用最大化、最优化，构建形成"果—菌—肥"循环农业模式，避免了化肥过量使用带来的土壤酸化。

（三）微生物菌肥

微生物菌肥是根据土壤微生态学原理、植物营养学原理以及现代"有机农业"的基本概念而研制出来的。微生物肥料是以活性（可繁殖）微生物的生命活动导致作物得到所需养分（肥料）的一种新型肥料生物制品，是农业生产中的一种肥料（也称第三代肥料）。

微生物菌肥，含有多达十余种高效活性有益微生物菌，适用于各种作物使用，可活化养分，提高养分利用率，具有广泛的普及性，打破了普通生物肥的专一性、局限性、专用肥的固有缺陷。这是其他生物肥料无法比拟的，可适用于各种类型的土壤。一般来讲，凡是有植物生长的土地都可以施用微生物菌肥来改良土壤，在减少化学肥料使用的同时还能促进作物的生长，从而让土壤重返自然状态，让土壤的pH值平衡至作物需要的程度。所有这些就是为了帮助提高土壤肥力，帮助消灭土壤、水和大气中的污染。

微生物菌肥按作用机理分类，可分为根瘤菌肥料、固氮菌肥料、解磷菌类肥料、解钾菌类肥料和堆肥菌剂肥。其中，根瘤菌肥料具有结瘤、固氮功能；固氮菌肥料施用于土壤中，固定游离的氮分子，并将其转化为植株可以吸收利用的氮元素，具有速效增加氮含量的作用；解磷菌类肥料将土壤中不溶性的磷转化为植物可以吸收利用的可溶性磷；解钾菌类肥料可以有效分解土壤中的云母等，释放矿质养分供植物吸收利用，有培肥地力的作用；堆肥菌剂肥则由秸秆发酵而成，这类菌肥富含多种微生物，为复合菌肥，具有快速降解生物大分子、缩短堆肥周期、提高腐殖质含量和养分利用率的作用。

● B 案例——科学高效养殖路，绿色生态"领头羊"：忠英家庭牧场

一、基本情况

忠英家庭牧场位于内蒙古自治区通辽市扎鲁特旗乌额格其苏木华杰嘎查，以养殖经营澳洲白、杜泊、蒙韩串子绒山羊为主，牧场羊存栏达 1 500 余只，年出栏 2 000 余只。坚持科学养殖，视草原生态保护为命根子，形成了"科学养殖、规模适度、绿色发展、示范带动"的现代化家庭农牧场经营模式。2020 年被评为旗级示范家庭农牧场，实现纯收入 97 万元。

二、案例分析

本案例中的农场在羊的养殖过程中，保持种羊与羊群优良、合理的结构是保证生产效率的关键，也是提升养殖效益的关键。本案例中的牧场坚持品种改良，不断优化种群，形成适合本地自然环境的优质品种。精心挑选优质内蒙古黑头串子基础母羊，并引进澳洲白、杜泊、蒙韩串子绒山羊等种公羊，通过人工授精手段，进行杂交繁殖。所产羔羊在饲养过程中显现出抗逆性强、生长发育快的优点。牧场实施种公羊三年一更换，在杂交二代三代基础上，严格选择理想型个体进行横交固定繁育，加强技术规范度，从对种公羊更换的技术，到孕哺期母羊和乳期母羊的管护、日粮配给、接羔保育，以及羔羊各生长阶段的管护、日粮配给、育成基础种羊的选拔鉴定等，都按照科学严谨的程序规范操作。通过多年的经验积累，牧场繁育水平进一步提高，补饲育肥的羔羊出栏屠宰率比其他牧户育肥的同期羔羊高出 27%，养殖效益大幅度提升。

大力加强农业农村生态环境治理和保护，形成资源利用高效、生态系统稳定、产地环境良好、产品质量安全的绿色兴农新格局，有利于将生态优势转化为发展优势，将"绿水青山"变成"金山银山"。牧场坚持绿色生态养殖，发展循环养殖模式。创新草原畜牧业科学养殖模式，坚持以草定畜、增草增畜，严格控制羊群的数量不超过草牧场的生态承载力，减轻草场压力。牧场坚持存栏 1 100 只基础母羊，每年过冬羊不超过 200 只，让草场得到休养生息，有效遏制了草场因载畜量过重而退化的现象，明显改善了生态环境。同时，发展"饲草秸秆—养羊—粪还田"的全程绿色循环经营模式，年产近 10 吨羊粪全部用于 26.67 万平方米耕地，实现了资源化利用，大大提升了耕地肥力。同时，对青贮玉米和秸秆进行加工，转化为养分含量丰富的羊饲料，大大提升了羊的品质。牧场农作物秸秆和畜禽粪污的资源化综合利用，基本实现了农业废弃物的零排放，做到产业发展与生态环保并举，经济效益与生态效益双提升。

牧场根据本地实际情况，更为科学地利用草牧场，采用节能环保材料和天然可回收材料，持续完善硬件条件，先后建设了 630 平方米标准化暖棚、480 平方米凉棚、1 200 平方米活动场地、160 平方米隔离圈舍。并将隔离圈舍分为种公羊、空腹母羊、怀胎母羊、羔羊的独立休宿场所，使羊种群不拥挤、不串群，既有效遏制了牲畜因寒冷而发

生的掉膘损失，又保障了气温高时的通风舒适；配备了先进的隔栏饲喂设备，杜绝了羊在饲喂、给水过程中因相互抢食而发生的饥饱不均及呛食、噎嗑现象。配套建设了544平方米标准化储草棚、300平方米饲料库，防止饲草料在储放过程中发生霉变现象；配建了更衣室、药务室以及看护室，购置配备了打搂草机、饲料搅拌机、剪毛机等畜牧业机械，降低了劳动强度，节省了人力。

（案例来源：农村合作经济指导司. 全国家庭农场典型案例（2021）[OL].）

三、知识链接

（一）循环经济

循环经济全称资源循环型经济，是指以资源节约和循环利用为特征、与环境和谐的经济发展模式，强调把经济活动组织成一个"资源—产品—再生资源"的反馈式流程。其特征是低开采、高利用、低排放。所有的物质和能源能在这个不断进行的经济循环中得到合理和持久的利用，以把经济活动对自然环境的影响降低到尽可能低的程度。

循环经济活动的行为准则包括减量化（Reduce）原则、再使用（Reuse）原则和再循环（Recycle）原则，统称为"3R 原则"。其中，减量化原则要求用尽可能少的原料和能源来完成既定的生产目标和消费目的，从而在源头上减少资源和能源的消耗，大大改善环境污染状况。例如：使产品小型化和轻型化；使包装简单实用，避免豪华浪费；使生产和消费的过程中，废弃物排放量最少。再使用原则要求生产的产品和包装物能够被反复使用。生产者在产品设计和生产中，应摒弃一次性使用而追求利润的思维，尽可能使产品经久耐用和反复使用。再循环原则要求产品在完成使用功能后能重新变成可以利用的资源，同时也要求生产过程中产生的边角料、中间物料和其他一些物料也能返回到生产过程中或是另外加以利用。

（二）生态农业

生态农业，是指按照生态学原理和经济学原理，运用现代科学技术成果和现代管理手段，以及传统农业的有效经验建立起来的，能获得较高的经济效益、生态效益和社会效益的现代化高效农业。

生态农业是以生态经济系统原理为指导建立起来的资源、环境、效率、效益兼顾的综合性农业生产体系，强调在生产过程中既要促进生态保护，又要依赖生态的有效支撑，针对的是农业生产体系。它要求把发展粮食与多种经济作物生产，发展大田种植与林、牧、副、渔业，发展大农业与第二、三产业结合起来，利用传统农业精华和现代科技成果，通过人工设计生态工程，协调发展与环境之间、资源利用与保护之间的矛盾，形成生态与经济的两个良性循环，实现经济、生态、社会三大效益的统一，使整个农业生产进入可持续发展的良性循环轨道。

（三）绿色生产

绿色生产（Green Production）是指以节能、降耗、减污为目标，以管理和技术为手段，在工业生产的全过程进行污染控制，使污染物的产生量最少化的一种综合措施。按照有利于生态环境保护的原则来组织生产过程，创造出绿色产品，以满足绿色消费。需要指出的是，绿色生产是一个相对的、动态的概念，是相对于原来的生产过程和产品而言的。所以绿色生产本身是一个不断完善的过程，随着技术进步和经济发展，绿色生产的内涵将不断更新进步。

● C案例——世界知名有机农场和生态园区样板：罗森戴尔农业庄园

一、基本情况

罗森戴尔农业庄园位于瑞典首都斯德哥尔摩近郊，它是一个完全践行生物动力农业的可持续发展、成长和生态循环的绿洲，也是"生物动力农业"示范基地，通过以"环境、园艺、有机烹饪或园林艺术"为主题的讲座、课程、远足和展览等一系列教育活动，向公众展示生物动力（有机）园林栽培，是世界知名的有机农场和生态园区样板。

二、案例分析

罗森戴尔农业庄园以生物动力农业为特色，庄园运行完全践行生物动力农业发展理念。在庄园里，坚持用生物动力农耕的方法进行耕作与生产，保持了其所有产品的安全与品质。庄园里的园丁、花匠、厨师、面包师、木匠和养蜂人保护着正宗的工艺，从头做起，保证了所有的种植都是有机的，并通过了德米特认证。同时，把收成剩余和客人的剩菜收集起来放在大型堆肥机中，转化为营养丰富的堆肥，用作花园和蔬菜作物的肥料。

庄园不仅在自身内部构建生态循环系统，更是将自身融入区域的生态环境之中，实现与环境的共生共存。庄园不会刻意地改造生态环境，而是会巧妙地利用植物来营造特殊的空间，如庄园内种植了几百棵树龄高达150多年的苹果树。庄园将树下的空间稍加改造，将苹果树变为天然的"绿色包间"，让更多都市人得到了充分放松。

此外，庄园也更加注重景观的价值。与中国绝大多数有机农场只能看到菜园和果园不同，罗森戴尔农业庄园内鲜花盛开，在花田与菜田次第相间，菜园也成了花园。庄园利用这些果园和菜园进行景观搭配，花田与菜田相间，充分发挥了景观的价值，使之成为名副其实的花园。另外，种植鲜花还能使农场变成美丽的景观，吸引游客与来宾的眼球，提高庄园的附加值。这个鲜花盛开的庄园附近，还有由100多个品种组成的古色古香的玫瑰园、花田、葡萄园与苹果园，再加上室内外随处可见的花草，罗森戴尔农业庄园变成了一个名副其实的花园。鲜花与蔬菜间种又能够吸引有益昆虫与蝴蝶，帮助蔬菜授粉、繁殖与育种。种植特定的鲜花吸引某些益虫，能对害虫起到生物防治的功效。同时，葡萄园、菜园与暖房出产种类丰富的蔬菜、水果、香草、盆栽植物。这些纯有机的高品质农副产品在庄园的有机商店与庭院商店中出售，或作为庄园有机餐厅的食材，满足人们对农产品的高品质要求。

农场的人员素质很大程度上影响着生态农场的品质与管理水平。罗森戴尔农业庄园里经常会有一些大学生志愿者在地里干农活，同时会有专门的人员教授相关的农业知识。庄园内纯白透亮而设计简洁的阳光房、纯净有序的暖房、优雅温馨的商店与餐厅装饰设计，服务人员彬彬有礼的服务，更是吸引了众多高端人士前往参观放松，极大地提升了庄园的品质和口碑。

（案例来源：乡村旅游研究院. 罗森戴尔庄园，从皇家园林到有机生态示范农庄的华丽蜕变[OL]. https://www.sohu.com/a/258527582_99933580，2018-10-10.）

三、知识链接

（一）德米特（Demeter）认证

德米特是生物动力农业的认证体系，也是欧洲优秀农业传统与世界有机农业的最高标准。德米特标准于1928年形成于德国，是唯一获得欧盟免检的有机认证标准。目前，德米特国际组织为43个国家（生产项目涉及64个国家）大约4 300多家有机农场或有机产品厂商与经销商共同构成的大型有机产业国际组织。

欧盟、美国、日本等国家立法和中国等国家标准都基于和参照国际有机农业运动联盟基本标准。由于德米特在品管规定比欧盟等其他品管法规更严格甚至严苛，因此获得了"有机农业的最高标准""比Organic更上层楼的认证""有机中的有机"等美誉。

德米特产品必须遵循自然活力有机农法（Bio-Dynamic简称活力农耕，又译为"生物动力农业"或"活力有机农业"）整套从农业生产、加工到最后的包装的严格标准，并通过国际德米特认证总部的综合认证程序，以严格要求其产品能符合国际德米特的生产与加工标准。只有严格遵循其标准的生产供应伙伴，才允许使用该品牌标志。

（二）中国有机标准

中国有机标准是目前中国执行的有机产品认证标准，该标准于2005年发布，为了适应有机产业发展的新形势，2011年进行了修订，之后2019年又进行了更新。目前遵照的是《有机产品生产、加工、标识和管理体系要求》（GB/T 19630—2019）。该标准由国家市场监督管理总局和国家标准化管理委员会共同发布。

中国有机标准共分为四个部分，分别规定了有机生产、有机加工、标识和销售以及管理体系方面的要求，明确了有机种植、有机加工、有机养殖等生产过程中能够使用的物质和禁用物质，规定了有机种植的转换期要求，规定了加工过程中的工艺和添加要求，以及养殖认证时养殖密度和养殖场所活动空间要求。

中国有机标准适用于所有在中国市场上销售的有机产品。所有产品，包括国内生产和进口的产品，只有通过该标准的认证，才能在中国市场上作为有机产品合法销售。未通过中国有机标准认证的产品不能在中国市场上按照有机产品销售。中国有机标准发布有产品认证目录，认证产品在认证目录范围内的可以获得认证。

（三）农产品新三品一标

自 2021 年 3 月 18 日农业农村部办公厅印发了《农业生产"三品一标"提升行动实施方案》的通知起，新的"三品一标"进入视野。新"三品一标"变为品种培优、品质提升、品牌打造和标准化生产。其中，品种培优方面，重点发掘一批优异种质资源、提纯复壮一批地方特色品种、选育一批高产优质突破性品种和建设一批良种繁育基地；品质提升方面，重点推广优良品种、净化农业产地环境、推广绿色投入品、构建农产品品质核心指标体系和建设农产品质量全程追溯体系；品牌打造方面，重点培育知名品牌、建立农业品牌标准、促进品牌营销和提升品牌影响力。

模块四　农旅融合农场模式

A 案例——多元融合促进产业升级发展：群鑫生态林牧家庭农场

一、基本情况

群鑫生态林牧家庭农场位于湖北省竹溪县泉溪镇双桥铺村，于 2013 年 8 月登记注册为个人独资企业，共有成员 4 人，常年雇工 6 人。农场流转林地 65.57 万平方米，耕地 4.47 万平方米，种植林下魔芋 20 万平方米，养殖郧巴黄牛 108 头；建有标准化栏圈 1 500 平方米，牧草加工车间 800 平方米，生活办公区 600 平方米；合作开办漆器工坊一处，面积 200 平方米。群鑫生态林牧家庭农场注册了"金漆世家"商标，累计申报 11 项技术专利，2014 年获评湖北省示范家庭农场，并被认定为全省科技型中小企业，辐射带动 160 余农户实现增收致富，推动乡村产业振兴。

二、案例分析

群鑫生态林牧家庭农场利用当地资源禀赋，实施种养结合、生态循环、农旅一体的融合发展模式，推动产业提档升级，传承了竹溪生漆工艺技术并将其发展成为特色产业。

农场历时 3 年栽植了近万棵漆树。由于漆树从栽植到进入盛产期需要 8~10 年时间，农场开始探索在漆树林下套种魔芋，逐渐形成了林下魔芋良种繁育、魔粮套种、有机肥起垄等科学种植管理模式，掌握了垄厢种植、种芋分级、化学除草、喷施叶面肥等实用新技术，有效解决了高海拔地区魔芋种越冬难的问题，为实用科技在农村普及打下了坚实的基础。随着种植基地面积逐年增加，漆树、魔芋生长所需有机肥量日渐增多，农场于2013年年初引进了郧巴黄牛养殖，探索生漆林下培育魔芋种、缓坡地种植商品魔芋、杂木灌木林地用于养牛的种养结合、生态循环经营模式。农场一方面利用腐熟的牛粪作为漆树、魔芋种植的有机肥料，另一方面充分利用玉米、魔芋等作物的茎秆、下脚料作为牛的青贮粗饲料，将收获的农作物加工后作为育肥牛的精饲料。通过种养结合的规划布局，农场以养辅种，初步实现了生态立体可持续发展的经营模式。

2017年，竹溪县将生漆产业作为县域经济发展的主导产业，建设了"生漆博物馆""漆艺村"及"生漆交易中心"。家庭农场成员张昌喜成功申报漆艺非物质文化遗产传承人。2019年，家庭农场与县生态旅游公司联合，在石板河游客服务中心开办了漆器工坊。农场利用现有的漆树基地，为漆器工坊提供优质的原材料，打破了竹溪生漆产业仅靠出售原材料存活的局限，摆脱了竹溪生漆市场联动效益小、话语权少、附加效益低的窘境。同时，农场利用游客服务中心的流量，将漆器制作这一传统工艺传播出去，打造以竹溪生漆为主的环保涂料、漆艺家具和文创产品；通过生漆树种植、漆器制作研学基地的团队融合，建立擦漆家具、手工艺品制作销售平台，拓展了产业发展空间。

（案例来源：农业农村部合作经济指导司. 全国家庭农场典型案例（2022年）[OL].）

三、知识链接

（一）种养结合类家庭农场的经营规模决策

种养结合类家庭农场的经营规模决策更加复杂，在对相应的种植业项目和养殖业项目进行劳动用工需求测算后，同时考虑生产项目服务外包所减少的劳动消耗，结合以往经验，综合决策经营规模。经营种养结合类家庭农场的经营者，要注意不断完善、逐步改进的意识和思路，在发展过程中逐步总结经验，探索合适的经营规模。

（二）家庭农场发展规划的基本原则

家庭农场要坚持有所为、有所不为的总原则，不能看到或听说什么项目效益高就盲目上马，更不能半途而废。

（1）市场导向。任何生产单位都必须坚持市场导向原则。家庭农场经营者也必须具有强烈的市场意识，及时掌握市场行情，时刻关注市场变化，为家庭农场的生产计划制订、生产过程控制、产品销售决策等提供依据。

（2）生产者定位。家庭农场必须坚持生产者定位、劳动者自居。家庭农场的效益取决于家庭成员的劳动付出，家庭农场经营者必须有正确的效益观，在进行经营规模决策时要适当留有余地。

（3）适度规模经营。家庭农场强调适度规模经营，一是要有规模才有规模效益，实现机械化、规模化生产，才能提高农业的综合效益；二是经营规模不宜太大，只能以家庭成员能够承受的劳动限度为依据，避免过分追求大规模。如种植类家庭农场的经营规模以 3 万~30 万平方米为宜，视不同的种植项目而异。

（4）综合考虑经济效益、社会效益和生态效益。追求经济效益最大化是市场主体的基本特征，家庭农场经营者在注重经济效益的同时，也应考虑社会效益，积极承担当地社区建设、文化建设的责任和义务；必须考虑家庭农场经营的可持续发展，坚持环境友好，实现无污染、无废物的自净生产，积极为区域环境改善做出贡献，体现家庭农场的生态效益。

（三）家庭农场的产业规划

家庭农场的产业规划是指家庭农场的主营项目选择、经营规模决策以及产品数量定位、质量定位、市场定位和科技定位等，体现为具体的措施和实施办法。

产业规划的内容包括：功能定位、主导产业、优势产业、配套产业、投资概算与资金来源、效益分析与风险评估、组织管理与运行机制、保障措施。

● B 案例——以运营创意为特色的有机农场：小瓢虫有机农场

一、基本情况

小瓢虫农场成立于 1993 年，占地 1.3 万平方米，地处台中市东势区的山坳里。农场依山傍水，最上方是农场主人的居住空间，隔壁的温室是培育幼苗的地方，顺着山势而下的层层缓坡上，搭建着多个半开放的温室。根据季节时令种植蔬菜，全年可种植 40 多种蔬菜，当季蔬菜同时能够收获的有 10 多种。2019 年，农场扩大了经营范围，承租了周边的鸡舍和果园，让产品更加多元化。

二、案例分析

小瓢虫有机农场是一个小而精的农场，在种植方面通过有机种植和多样化的蔬菜品种打造特色，在运营方面通过英文解说和定制化体验的方式，塑造了运营特色。其成功发展的关键在于，精细化的运营组织塑造了独特的体验感。对于休闲农场而言，园区的网红主题景观小品只是吸引力的一个方面，最主要、最核心的还是要做好服务体验，以保持持续的吸引力。

（1）园区的种植和营销方式创新是农场的一大特色。农场以品种的多样化来弥补面积小的劣势，开发面向家庭消费客群的蔬菜包和菜谱，实现了直接面向消费者销售的目标，最大化地实现了园区的效益。会员制、蔬菜包、杂粮包等方式，提高了农场面向终端消费者的销量，对于提升农产品的销售量有显著的促进作用。

（2）坚持有机种植，以"自然、美味、新鲜"为产品特色。小瓢虫农场因为面积有限，无法做到大量生产，因此坚持走小而精的发展路线。采用轮种的方式专业种植，让土地肥力得到有效恢复，并通过了国际美育基金会（MOA）有机认证和日本 JAS 有机认证。

（3）坚持预约制和团体接待的运营方式。要参访小瓢虫农场，需要预约，平日不对外开放，预约人数达到 1 组（12 人，以 3 岁以上的人数计算）方可接待。一天分为上午（9—12 点）和下午（14—17 点）两个固定接待时段。在一个时段内，只接待 1 组客人，以保证游客体验和服务质量。农场有多功能教室，室内空间可满足 20 人的活动需求，厨具、投影设施等可满足游客研学体验的需求。

（4）外语讲解营造学农新体验。小瓢虫农场的第二代经营者巫居训早年到过日本学习日语，对语言有浓厚的兴趣。回家经营农场后，就产生了将外语学习同农场体验相结合的想法，以此营造农场的特色。于是，他开始与一些培训团体合作，聘请外语老师，采用全外语的方式来解说，非常受小朋友和家长喜欢。目前，农场提供日语和英语学农休闲体验项目。

该农场体验内容普通，但组织方式多样。农场提供农场导览、农作采摘体验、喂鸡与拣蛋和田园餐食 4 项活动，都是非常常见的普通活动，但解说工作人员非常专业，深受参与体验的亲子游客的喜爱。

（案例来源：乡村集结号公众号．特色农场：台湾小瓢虫有机农场——一家以运营创意为特色的有机农场 [OL]．https://baijiahao.baidu.com/s?id=1765276481234396051&wfr=spider&for=pc, 2023-06-05．）

三、知识链接

（一）JAS 有机标志（Japanese Agriculture Standard，JAS）

JAS 为"日本有机农业标准"，是日本农林水产省对食品农产品最高级别的认证，即农产品有机认证。JAS 采用第三者认证制度贯穿于认证全过程。经 JAS 有机认证的生产制造者可以从事有机农业生产、有机食品生产。有机 JAS 认证的基本原则：不使用化学合成的农药和肥料；生产、制造、仓储、发货、运输等过程中不被禁用物质所污染；生产、制造、仓储、发货、运输等过程中不与常规产品混合；具备可追溯性。

（二）家庭农场产品的分级和包装

对已经建立农产品可追溯体系的产品，第一种情况是直接对农产品进行分级，第二种情况是对存储在冷库内储存箱中的农产品进行分级。无论哪一种分级，都必须对不同地块或大棚的农产品分别进行分级，以免混淆。

分级包装完成后，农产品的可追溯码后面就增加了有关加工信息的代码，即加工代码。加工代码由 3 段组成：①代码名称，这里用 JG，即"加工"拼音的第一个字母。②批次，即当日加工的批次，建议用 4 位阿拉伯数字。③加工日期。如果是 2020 年 10 月 30 日加工的第 10 批次的农产品，可以写成：JG 0010 20 10 30。生产代码加上加工代码，就成为完整的农产品可追溯代码。加工代码可以用粘贴纸贴在装货的纸箱外（筐上挂标签），完成后需要立即登记。

（三）家庭农场产品的发货和配送

家庭农场接到超市、酒店、经销商的订单后，需要准备发货。与农产品可追溯体系有关的发货工作有两部分：一是在包装箱或者装货筐上面贴上农产品可追溯条码；二是把农产品可追溯的相关信息传送给超市。

家庭农场的加工车间到超市的物流配送中心之间的距离，需要通过长途货运来解决。最好的方案是合作社有自己的货运卡车。但是在起步阶段，一般的合作社不太可能有足够的经济实力来购置货运卡车，主要还得依靠专业的物流公司。

农产品装车的时候，需要把同一个可追溯编号的农产品集中在一起，以便在卸货的时候也可以集中，从而减少采购商挑选货物的时间。因为超市、采购商需要给农产品做小包装，并在包装上打上可追溯编码，以便顾客查询。家庭农场需要准备两份货物清单，一份由货运卡车驾驶员转交给超市物流配送中心的收货员，另一份贴在开门即可见到的货物纸箱上。这份清单将跟随货物，直接张贴在库房货堆上，提供给开箱分装人员使用。

● C 案例——坚持目标客群为主，打造特色天然牧场：酷牛网红牧场

一、基本情况

酷牛牧场位于澳大利亚昆士兰州凯恩斯热带雨林地区，地处亚瑟顿高原，自然生态优美。牧场占地面积 626 万平方米，是一个有着 100 多年历史的牧场。酷牛牧场是澳洲首家以牛为主题的休闲度假区，包括酷牛牧养互动乐园、骑马训练基地、迷你亲子动物园、有机农场种植区、山地挑战赛区和游憩休息区。该牧场自 2018 年开始引入休闲体验项目，目前已经成为澳大利亚昆士兰州知名的休闲度假目的地，2022 年被确定为昆士兰州最佳旅游体验目的地。

二、案例分析

酷牛牧场是一个传统牧场拓展休闲旅游的成功案例，其成功的关键在于营造了契合目标客群的放牧体验场景和消费体验场景，让游客可以尽享贴近自然的牧场风情。

得天独厚的自然条件和专业化牧养方式成就了高品质的牛肉产品。酷牛牧场地处南纬 37°，被誉为"离天堂最近的全球草场"。甘蔗富含糖分、水分、维生素、脂肪、蛋白质、有机酸、钙、铁等物质，是牧场肉牛的重要食物之一，用甘蔗喂养的肉牛的肉质特别鲜嫩。农场的饲料从不使用激素和其他化学材料，保持纯天然的饲养方式。

牧场有 8 个不同的养殖场，都有明确的分工。6~8 个月的牛仔在天然草场进行草饲养殖，在 24 个月时则转移到专门的养殖场进行谷饲育肥，成年牛体重可达 500~600 千克。牧场聘任有 30 多年养牛经验的牧场经理，并引进了 DNA 检测、耳标电子身份标签等科技手段，一方面从源头上保证牛的基因优良且可溯源，另一方面也可以实时

检测牛的饮食、体重和健康状况。酷牛牧场选用优质的和牛为主要品种，严格按照澳洲牛肉品质保证制度。生产的牛肉不仅肉质鲜嫩，特别适合西方人煎牛扒的使用方式，在营养方面也有特殊的功效，牧场的牛肉富含omega-3脂肪酸，对人体健康非常有益。

  品尝澳洲和牛美味是诱人的活动。酷牛牧场的午餐有牛肉汉堡、自制比萨、和牛牛排、安格斯牛排等，还有农场烤肉自助餐供游客选择。日落晚餐是和牛烧烤，在落日的余晖中，坐在广袤的草场中，点上一份地道的澳洲和牛牛排、葡萄酒，是非常惬意的用餐体验。

  针对团队客群，牧场开发了很多竞赛项目。挤牛奶比赛需要在规定时间内挤满3杯鲜奶，才算完成任务。这一任务看着简单，但对于生手而言还是很有挑战性的。拯救小牛比赛的任务是浸入雨林中寻找丢失的5只小牛，寻找到小牛并拍照就算完成任务，耗时短的一方获胜。骑牛比赛是勇敢者的游戏，每队派出代表参赛，计算队员在牛背上的时间，累计时间长的队伍获胜；采摘蜂蜜比赛在有机农场区，每队分发3个小瓶，收集完成就算完成任务，用时较短的一方获胜。草车喂牛比赛是一场算术的较量，牛屁股上有不同的颜色，蓝色、红色和白色代表的点数不同，计算正确的队获胜。除此之外，还有日落篝火晚会、自行车比赛、射箭比赛、厨艺比赛、ATV大赛、马术比赛等多种比赛项目，非常适合团队建设。

  从体验项目的内容来看，都与牧场的生产生活密切相关，很多项目都是利用牧场生产的设施开展的，充分利用了自然环境的优势。牧场面积广阔，非常适合户外活动。通过导入ATV越野、骑马、户外露营野餐等项目，游客户外休闲的需求得到了满足。相较于自然景区，这里还有牛群陪伴，其独特性体验优势更加突显。细化运营，精准对接多类型客户。牧场有完善的酒店、餐厅等服务设施，可以满足婚礼客户、派对客户、团队建设客户和家庭客户的需求，并提供专业化的服务套餐产品和设施供游客选择。

  通过这个案例，我们可以深刻地感受到，一个优质的休闲农场，一定是契合自身自然和农业生产基础条件，并在此基础上进行延伸拓展，形成农味鲜明的休闲场景，以此带动或促进农业价值的提升和实现。

  （案例来源：乡村集结号公众号. 特色农场：酷牛网红牧场：澳洲首家以牛为主题的休闲度假区成功案例[OL]. https://mp.weixin.qq.com/s?__biz=MzA4MDQ4MjgyOA, 2023-07-24.）

三、知识链接

（一）家庭农场功能分区和用地规划

  家庭农场园区规划的功能分区，大体上分为生产区和生活区。生产区主要在流转土地范围内，生活区主要在住宅及宅基地范围内。但是，生产区和生活区很难截然分开，庭院也是重要的生产场地。

（二）家庭农场庭院资源利用与安排

家庭农场可以利用庭院生态农业技术，实现自身整体效益提升。

（1）北方"四位一体"生态模式。该技术是在自然调控与人工调控相结合下，利用可再生能源（沼气、太阳能）、保护地栽培（大棚蔬菜）、日光温室养猪及厕所等4个因素，通过合理配置，形成以沼气为纽带，将种植业与养殖业相结合的生态模式。

（2）南方"猪—沼—果"生态模式。"猪—沼—果"是利用山地、农田、水面、庭院等资源，采用"沼气池、猪舍、厕所"三结合工程，围绕主导产业，因地制宜开展"三沼"（沼气、沼渣、沼液）综合利用，实现对农业资源的高效利用和生态环境建设、提高农产品质量、增加农民收入等目标。

（3）西北"五配套"生态模式。该模式以农户土地资源为基础，以太阳能为动力，以新型高效沼气池为纽带，形成"以农带牧，以牧促沼，以沼促果，果牧结合，配套发展"的良性循环体系。

（三）家庭农场景观设计

家庭农场景观设计的目的是要科学地、合理地利用农业生产的景观资源，提高家庭成员生活质量和生活品位，重视实用性、生产性与观赏性的结合，并使提高生活质量与农田保护、农业经济、生态效益达到和谐统一。

（1）美化农田种植的季相构图。全面考虑农田种植的季相构图，在保持乡土特色的基础上，适当增加植物品种和种类，调整常绿、落叶植物的比例，增加阔叶树、针叶树、灌木、地被植物及其他观赏植物，以丰富植物景观和景观的季相变化。还可以根据种植农作物景观的季节特点，在考虑季相构图的同时，局部突出一个季节的特色，形成季节鲜明的农田景观效果。

（2）农路、农田边缘的美化。农田、道路两侧或与其他景观交接的边缘地带，简称"田缘线"。田缘线是游人最直接的观赏部分，对农业景观质量有显著影响。在设计农业景观时，要考虑增加空间的多样性，既能感受到闭锁的近景，又能透视远景。

（3）营造农田空地及荒地周围的景观。农田空地及荒地是观赏周围景观的最佳位置，因此田缘线和田冠线（即植被顶面轮廓线）应多变。田缘线以自然式为主，应尽量避免僵硬的几何形或直线条；田埂线高低起伏错落，以形成良好的景观外貌。

拓展资源

一、推荐书目

[1] 李腾飞. 一本书明白家庭农场运营[M]. 中原农民出版社，2018.

[2] 温铁军，等. 从农业1.0到农业4.0[M]. 东方出版社，2022.

[3] 温铁军，等. 我们的生态化[M]. 东方出版社，2020.

[4] 温铁军，等. 乡建笔记[M]. 东方出版社，2020.

[5] 杰里米·克拉克森（英）著，吴超译. 克拉克森的农场[M]. 台海出版社，2023.

[6] 佩里娜·埃尔维-格吕耶（法），夏尔·埃尔维-格吕耶（法）著，徐晓雁译. 诗意的农场[M]. 新星出版社，2018.

[7] 蒋高明. 生态农场纪实[M]. 中国科学技术出版社，2013.

[8] 福冈正信（英）著，樊建明，于荣胜译. 一根稻草的革命[M]. 北京大学出版社，1994.

[9] 富兰克林 H 金（美）著，程存旺，石嫣译. 四千年农夫——中国、日本和朝鲜的永续农业[M]. 东方出版社，2011.

[10] 比尔·莫利森（澳）著，李晓明，李萍萍译. 永续农业概论[M]. 江苏大学出版社，2014.

二、推荐链接

[1] 中央农村工作领导小组办公室等. 关于实施家庭农场培育计划的指导意见[OB/DL]. https://www.moa.gov.cn/gk/zcfg/nybgz/201909/t20190909_6327521.htm, 2019.

[2] 农业农村部. 农业农村部办公厅关于印发《推进生态农场建设的指导意见》的通知[OB/DL]. https://www.gov.cn/zhengce/zhengceku/2022-02-10/content_5672847.htm, 2022.

[3] 国务院. 国务院关于印发"十四五"推进农业农村现代化规划的通知[OB/DL]. https://www.gov.cn/zhengce/content/2022-02-11/content_5673082.htm, 2022.

[4] 农业农村部. 农业农村部办公厅关于全面实行家庭农场"一码通"管理服务制度的通知[OB/DL]. http://www.fgs.moa.gov.cn/flfg/202303/t20230315_6423067.htm, 2023.

[5] 农业农村部. 关于推广使用家庭农场"随手记"记账软件的通知[OB/DL]. http://www.moa.gov.cn/nybgb/2022/202206/202206/t20220630_6403794.htm, 2022.

[6] 农业农村部. 农业农村部关于实施新型农业经营主体提升行动的通知[OB/DL]. https://www.gov.cn/zhengce/zhengceku/2022-03-29/content_5682254.htm, 2022.

[7] 四川省农业农村厅. 关于印发《四川省家庭农场省级示范场评定办法》的通知[OB/DL]. http://nynct.sc.gov.cn/nynct/c100664/2022/6/29/62147ce4368146d2973c905e488cfec0.shtml, 2022.

[8] 农业农村部. 农业农村部关于稳妥开展解决承包地细碎化试点工作的指导意见[OB/DL]. http://www.moa.gov.cn/govpublic/zcggs/202307/t20230719_6432397.htm, 2023.

[9] 农业农村部. 绿色食品标志管理办法[OB/DL]. http://www.moa.gov.cn/govpublic/CYZCFGS/202201/t20220127_6387807.htm, 2022.

[10] 农业农村部. 农药登记管理办法[OB/DL]. http://www.moa.gov.cn/govpublic/CYZCFGS/202201/t20220127_6387814.htm, 2022.

[11] 农业农村部等. 关于印发《"十四五"全国农业绿色发展规划》的通知[OB/DL]. http://www.moa.gov.cn/govpublic/FZJHS/202109/t20210907_6375844.htm, 2021.

[12] 农业农村部等. 国务院办公厅印发《关于促进畜牧业高质量发展的意见》[OB/DL]. http://www.moa.gov.cn/gk/zcfg/qnhnzc/202010/t20201012_6353975.htm, 2022.

项目二 农民专业合作社经营管理

项目目标

通过知识学习，掌握农民专业合作社的基本内涵和特征，了解农民专业合作社发展现状及未来发展趋势。

通过案例学习，了解农民专业合作社"合作社+农户""合作社+公司""合作社+政府""合作社+金融机构"和联合社的不同模式的经营理念，掌握农民专业合作社经营管理知识，学习农民专业合作社经营管理典型经验，提升投身"三农"的热情，助力乡村振兴。

项目导读

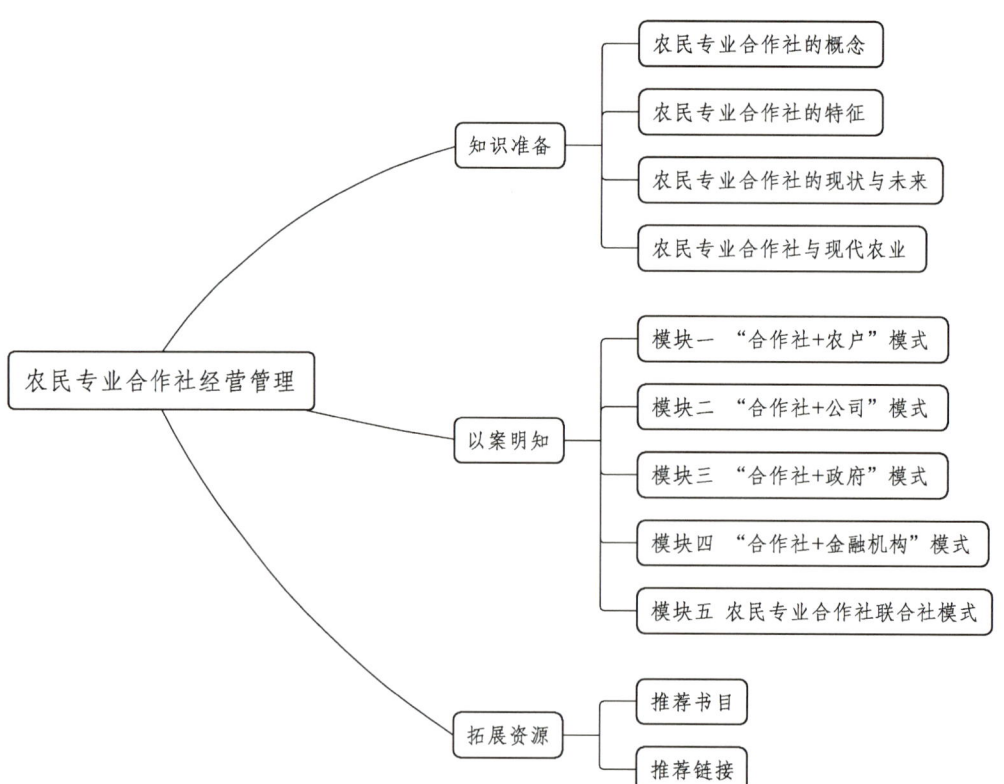

> 知识准备

一、农民专业合作社的概念

农民专业合作社是指由一群农民自愿组成的经济组织，共同经营农业生产和经营活动的合作组织。农民专业合作社的成员通常都是具有相似或相关的农业生产经营需求和目标的农民，他们通过合作组织的形式来实现资源共享、信息交流、风险分担和利益共享。

农民专业合作社旨在通过合作的方式提高农民的生产力和经济效益。成员可以共同投资购买农资、设备和技术，并共同经营农田、养殖场、渔业等农业生产基地。合作社集中采购、集约管理和规模化经营，降低成本、提高效益、增加农民收入。

二、农民专业合作社的特征

（1）自愿参与：成员的参与是自愿的，没有强制性。农民可以根据自己的需求和利益选择是否加入合作社。

（2）组织共同经营：合作社成员共同参与农业生产和经营活动，共同投资、共同承担风险、共享利益。

（3）专业化经营：合作社通常是由具有相似或相关农业生产需求和目标的农民组成的，针对特定的农业领域或产业进行专业化经营。

（4）资源共享：合作社成员通过共同的投资和经营，实现资源共享，如土地、机械设备、农资和技术等。

（5）民主管理：合作社的经营决策通常采取民主集中制，成员共同参与管理和决策，保证各成员的利益得到平等尊重。

（6）经济效益：合作社通过集中采购、集约管理和规模化经营，降低成本、提高效益，增加农民的收入。

（7）综合服务：合作社不仅提供经济支持，还为成员提供技术指导、培训和市场信息等服务，从而提升农民的生产技能和管理水平。

（8）法律合规：合作社遵守国家法律法规，维护合作社成员的合法权益，保障合作社的公平公正经营。

（9）风险分担：合作社可以通过共担风险的方式，减少农民个体面临的风险，提供相应的保险服务和风险管理。

（10）专业服务保障：合作社可以协助成员获取农业政策支持、金融服务和保险保障，提供专业化的服务和保障。

三、农民专业合作社的现状与未来

(一) 农民专业合作社的现状

农民专业合作社在现阶段已经在许多地方得到了广泛的发展和推广，尤其在中国农村经济组织体系建设中起到了重要的作用。农民专业合作社现状如下：

1. 数量和规模增加

截至2020年年底，我国的农民专业合作社数量已超过60万个，成员超过1亿人。这些合作社涵盖了农业、林业、渔业等多个领域。合作社的规模也在不断扩大，一些大规模的合作社已经有上千名成员，甚至超过万人。

2. 收入增加

通过农民专业合作社的组织经营，农民的收入得到一定程度的提高。合作社可以通过集中采购、统一销售等举措降低生产成本，提高农产品的市场竞争力，从而带来更多的收益。

3. 优质农产品供应

农民专业合作社通过规模化、标准化的生产方式，提供了更多优质、安全、绿色的农产品。这种供应模式受到了消费者的青睐，为农产品市场带来了新的竞争优势。

4. 技术支持和培训

农民专业合作社为成员提供了技术指导、培训和技术支持等服务。通过专业团队的指导，农民可以学习到先进的农业生产技术和管理经验，进而提升自身的生产能力。

5. 政策支持

政府对农民专业合作社的发展给予了政策上的支持。例如，提供税收减免、贷款贴息等优惠政策，为合作社提供资金支持和便利条件。

6. 市场影响力增强

农民专业合作社由于规模大、品牌好，已成为市场中的重要参与者，对农产品的销售和价格形成具有较强的议价能力。

7. 乡村振兴推动

农民专业合作社的发展是乡村振兴战略的重要组成部分。合作社的建设可以促进农村经济结构的调整升级，推动农业现代化和农村社会的发展。

(二) 农民专业合作社的未来发展

农民专业合作社在未来的发展中有着巨大的潜力和机遇。以下是一些可能的未来发展趋势：

1. 技术创新

随着科技的进步和数字化技术的应用,农民专业合作社将借助农业物联网、大数据分析等技术,实现农业生产过程的精细化管理。通过智能化装备和无人机等工具的使用,农业生产将变得更加高效、精确和可持续。

2. 农业多元化

农民专业合作社将逐渐实现农业产业链的延伸,从传统的农田种植扩展到其他领域,如养殖业、渔业、农产品加工等。农业多元化经营,能提供多样化的产品和服务,增加农民的收入来源。

3. 品牌建设

农民专业合作社可以通过品牌建设,树立自身的形象和信誉,提供安全、绿色的农产品。品牌认证和推广,能增强农产品的市场竞争力,拓宽销售渠道,提高农民专业合作社的影响力。

4. 农旅融合

随着农村旅游的兴起,农民专业合作社可以结合农业特色、乡村风情等资源,开发农村旅游项目,增加农民的收入。农村旅游可以促进农民与城市居民之间的交流与合作,推动乡村振兴。

5. 国际合作

农民专业合作社有望加强国际农业合作与交流。采取对外合作,引进和吸收国外的先进技术、管理经验,同时拓展农产品的出口市场,提高农民的竞争力和收入水平。

6. 引入金融保险

合作社可以与保险公司合作,引入农业保险产品,为成员提供风险保障,从而降低风险对农民的影响,增强农业生产的稳定性和可持续性。

7. 政策支持与培训

政府将继续给予农民专业合作社政策上的支持,鼓励农民参与合作社的发展。同时,提供培训机会,提升合作社成员的专业技能和管理能力。

综上所述,农民专业合作社在未来有望通过技术创新、产业多元化、品牌建设等手段,进一步提高农业生产效率和经济效益,促进农村经济的发展和乡村振兴。政府、企业和社会应共同努力,为农民专业合作社的发展提供更好的支持和条件。

四、农民专业合作社与现代农业

农民专业合作社是一种农业生产组织形式,是农民自愿依法组成的以经济合作为目的的农业生产经营组织。现代农业是指运用现代科学技术、管理方法和生产要素进行农业生产的模式。

农民专业合作社与现代农业之间存在着紧密的联系和相互促进的关系。

（1）农民专业合作社可以为现代农业提供稳定的农产品供应。农民专业合作社通过合作集约经营的模式，充分发挥农民的主体作用，提高农产品的产量和质量，保证了农产品市场供应的稳定性。与此同时，现代农业对稳定的农产品供应有着更高的要求，需要通过合作社等组织形式来调动农民的积极性和主动性，使农业生产能够与市场需求相适应。

（2）农民专业合作社可以促进现代农业的技术进步。现代农业发展需要运用现代科学技术进行生产，而农民专业合作社可以提供技术支持和培训，帮助农民掌握先进的农业技术和管理知识，提高生产效益。合作社可以组织农民参与技术培训、示范推广等活动，推动农业技术的创新与应用，促进农业现代化。

（3）农民专业合作社可以实现现代农业的集约经营。现代农业要实现规模化、标准化生产，需要大规模的土地、资金和人力资源。而农民专业合作社可以集合农民的资源，实现农业生产的集约化管理。合作社的统一规划、统一管理，可以提高资源利用效率，实现农业生产的规模化经营。

（4）农民专业合作社可以促进农民的增收致富。现代农业的发展离不开农民的积极参与，而农民专业合作社可以为农民提供更多的就业机会，帮助农民提高农产品的附加值和市场竞争力，增加农民的收入。合作社还可以组织农民参与农产品的深加工和销售，增加农产品的附加值，实现农民的持续增收。

综上所述，农民专业合作社与现代农业之间存在着密切的联系和相互促进的关系。农民专业合作社可以为现代农业提供稳定的农产品供应、促进技术创新、实现集约经营和帮助农民增收致富，推动农业的现代化发展。

以案明知

模块一　"合作社+农户"模式

A 案例——探索"三共"运营路径发展共享农业：富农蔬菜专业合作社

一、基本情况

四川省成都市温江区富农蔬菜专业合作社成立于 2007 年 8 月，位于成都市温江区公平街道惠民社区，主要从事蔬菜种植，为成员提供农业生产资料购买，农产品销售、贮藏及与农业生产经营有关的技术、信息服务。合作社现有成员 125 人，流转土地 0.1 平方千米，带动农户 150 余户。合作社坚持市场导向，打造集蔬菜生产、消费、体验于一体的共享基地，以"餐"定产，建立合作社与消费者联动机制、多维联结，建立合作社与农户利益共享机制、品质至上，建立生产与生态共融机制，形成了产业共生、利益共享、生态共融的共享农业发展途径，有效增强了农业生产发展活力和农产品质量源头防控能力。

二、案例分析

为解决蔬菜种植利润低、收入不稳定的问题，合作社改变思路方法，调整产销方式，根据消费者年龄、习惯等因素，细分消费者市场，探索出以"餐"定产、"四区"驱动的田间直达餐桌新模式，分为蔬菜托管区、期货农产品定制区、蔬菜采摘区、产业配套服务区。

合作社采取保底分红、二次返利、返租倒包、贴牌合作等多种形式，与农户建立利益共享机制，将小农户引入产业链和供应链，使合作社和农户紧密联结起来，带动小农户共同发展。合作社坚持以质量为核心，将产品质量管控贯穿于生产始终，打造绿色品牌，占领农产品高端消费市场，提高盈利能力。

一是注重标准化生产。坚持统一用肥、统一用药、统一技术服务、统一品牌销售，从源头上控制投入品使用，在田间管理等环节严控用药用肥量，全程监控生产。每年按生产面积的20%安排休耕，将用地、养地相结合，恢复土壤生态。

二是注重产品质量管控。建立农产品质量追溯体系，引进信息技术发展智慧农业，对基地生产的农产品严把质量关。建立农产品质量公证机制，请公证处监督农产品质量，给消费者吃下"定心丸"。建立质量承诺制度，消费者可随时送检农产品，送检结果不合格的，无条件全额退款。动态调整飞地合作农户，将飞地生产的农产品定期送检，不合格的取消合作，3年内禁止进入合作社。

三是注重品牌营销。实施品牌化战略，抢占有机、绿色农产品销售市场，先后注册"龙望韭黄""蜀圣彩糯""富翔果蔬""富智大蒜"等蔬菜商标，以提高产品的知名度和销售量。合作社主营的"富农开心农场""龙望"品牌市场份额高达80%以上。

（案例来源：农业农村部合作经济指导司. 全国农民合作社典型案例（2020年）[OL].）

三、知识链接

（一）合作社实施农业标准化的作用

在我国发展农业产业化的背景下，农民专业合作社实施农业标准化具有以下作用：

（1）农业标准化是合作社实行产业化经营的重要技术基础。

（2）农业标准化是实现合作社科学化管理的基础。农业标准化为合作社管理提供目标和依据；农业标准化有利于合作社整个管理系统功能的发挥；农业标准化为合作社创造了横向联合的条件。

（3）农业标准化有利于合作社提高农产品质量和市场竞争力。

（4）农业标准化有利于合作社产品走向国际市场。

（二）合作社实施农产品品牌建设的意义

（1）合作社农产品品牌建设有助于增强产品市场竞争力，扩大农产品销售量。

（2）合作社农产品品牌建设有助于有效规避农产品市场风险，增加合作社和成员的收入。农产品以品牌的形象进入市场，有利于建立长期稳定的销售渠道和网络，而且长期稳定的销售渠道和网络又有助于保持农产品销售量的稳定，还可以发展订单式农产品，有效规避农产品的市场风险。

（3）农产品品牌化有助于降低消费者的购买风险。品牌农产品以合作社的信誉做出承诺，以品牌作为质量标志，降低消费者的购买风险。对消费者来说，农产品品牌化有助于消费者了解农产品质量，区别选购农产品，形成品牌消费习惯，稳定合作社的消费群。

（4）农产品品牌化有助于推进农业现代化和产业化，走规模效益之路。实施农产品品牌化建设，加强与提高农产品的生产与管理水平，不仅有助于提高生产经营者的管理素质和技术素质，加快技术进步，优化资源配置，促进产业结构优化，还可以农产品品牌建设为突破口，改革传统生产方式和管理手段，实现发展经济、保护环境、提高消费者健康水平的目标。

（三）合作社进行农产品品牌化建设的步骤

农产品品牌化建设简单地说有以下几个步骤：

（1）找准产品品牌定位。合作社产品品牌建设需要重点做好以下两方面的工作：① 做好市场调研工作，确定品牌定位。② 发展当地特色农业，强化品牌优势。

（2）提升农产品质量。质量是产品的生命之源。提升农产品质量主要包括：① 生产中要逐步建立产品质量标准体系。② 进行产品质量认证。

（3）开拓农产品品牌传播渠道。要积极探索和实践新的农产品分销传播渠道：① 公关传播方式。② 终端传播方式。③ 互联网传播方式。

（4）积极争取当地政府的扶持。政府对农产品品牌建设的扶持，应在宣传倡导、财政补贴、产品评比与宣传等宏观层面的基础上，更多地采取有针对性的具体措施来引导和扶持合作社进行产品品牌建设。

● **B 案例——织牢联农带农纽带，铺实强农富农新路：丰谷稻业产销专业合作社**

一、基本情况

宁夏贺兰县丰谷稻业产销专业合作社创建于 2010 年 3 月，历经 10 年的发展，已成长为资产总额 1 700 万元、固定资产 830 万元、年营业收入达到 950 万元的国家农民合作社示范社。合作社秉持"为耕者谋利、为食者造福"的宗旨，按照"企业+合作社+基地+农户"的经营管理模式，建设有机水稻立体种养现代农业科技示范基地和稻渔空间乡村生态观光园，示范推广水稻工厂化育秧、旱育稀植栽培、稻渔综合种养、绿色高产创建等技术，通过上联市场，下联农户，中间依托广银米业公司，推进第一、二、三产业融合发展，带动当地农民走科技致富的道路，实现了合作社、企业、农户三方共赢。

二、案例分析

该合作社通过稻渔立体种养、三产融合发展，取得了明显的经济和社会效益。

（一）稻渔立体种养，促进产业提质增效

合作社负责人赵建文多次参加区内外各类实用型人才培训，学习国内外水稻种植技术，构建了"1+X"稻渔综合种养模式，发明"稻渔水循环系统"并申请国家专利：在稻田建设镶嵌流水槽高密度养鱼、高标准稻田、宽沟深槽稻田环沟等基础设施，使水在"鱼池—环沟—稻田"中闭合循环，用养鱼产生的富营养化水种稻，再用稻田净化后的水养鱼等。这种模式比普通种植节约用水25%以上，实现了节水增效。同时，种植有机水稻加养殖稻田蟹、稻田鱼的效益，平均每亩可达3 000元，除去成本可获净利润1 000元以上，是普通水稻种植的2倍。园区还解决了周边100余农民的就业问题。

（二）三产融合，拓展农业功能

合作社通过"一产提质、二产带动、三产提效"，逐步形成立体种养、粮食加工、电商销售、休闲农业、社会化服务等多种业态，产业融合发展，农业功能不断拓展，产业效益集聚提升。

（1）提升"一产"。通过品种、有机肥、种养模式对比实验，精选口感好、抗倒伏、产量高、适应本地气候土壤条件的天隆优619、宁粳31号等优新水稻品种，实施立体种养。运用杀虫灯、生物除草等生物技术减少了化肥、农药的施用，实现了农作物秸秆、农业用水、饵料等的循环利用，涵养了良好的水、土环境，有效提升了大米、水产品品质。

（2）做优"二产"。在园区建设"粮食银行"，通过水稻收购、计息储存、现价结算，为农户提供粮食代收、代储、代烘、代加、代销"五代"服务，有效解决了农户储粮难、卖粮难等问题。做深、做细、做精水稻加工，开发糙米、米汁、米醋、锅巴等特色产品，把加工与销售紧密结合起来，"现卖现加工"，保证大米的新鲜度，打通农产品进市场、上餐桌"最后一公里"，延长产业链，提升附加值。

（3）拓展"三产"。以稻渔空间为载体，发展休闲观光旅游，建成稻田画观赏区、生态渔业养殖区、大米加工展示区、绿色果蔬采摘区、特色民宿度假区等主题功能区，配套完善景观塔、玻璃栈道、便民服务店、科普教育长廊、儿童乐园等基础设施，打造集休闲、科普、体验、创意于一体的休闲农业观光区"升级版"，有效促进农业与旅游、教育、文化等产业的有机融合，逐步形成第一、二、三产业融合发展的全产业链发展格局。每年通过举办农耕文化插秧节、摄影艺术大赛、中国农民丰收节等休闲

节庆活动，入园游客近 20 万人次，带动了乡村旅游发展，成为银川的一道独特旅游风景。

（案例来源：农业农村部合作经济指导司. 全国农民合作社典型案例（2020 年）[OL].）

三、知识链接

（一）三产融合类农民专业合作社

三产融合主要是指将传统种植业、养殖业等第一产业，生产资料工业、食品加工业等第二产业，以及交通运输、技术和信息服务等第三产业综合于一体的产业体。农产品加工业、销售业与第一产业深度融合，让农业生产者直接或间接参与企业管理，可确保对原材料及初级产品的质量控制。三产融合可以使农民和其他产业对接、融合，通过合作或参股等多种方式，构建长期、稳定的产业合作机制、利益分享机制、资源共享机制、人才培养机制等，还可以以现有产业为基础，向其他产业延伸。如：以种植业或养殖业为基础，向农产品加工发展，与乡村度假旅游、养生养老相融合；以乡村旅游产业为基础，向花卉草木、蔬菜果树种植和观赏动物、水产养殖等扩展。

（二）新型农业社会化服务体系示范项目——产业融合

产业融合以涉农企业或农民合作社联合社为龙头，带动多个新型农业经营主体，完善与农民的利益联结机制，延伸农业产业链，探索形成农业与第二、三产业交叉融合的现代产业体系，促进农业增效、农民增收、农村繁荣。

产业融合项目用地手续合法齐备，符合规划，合理节约；低耗节能，符合环境保护和可持续发展要求；投资估算合理，自筹资金有保障，筹资方案可行；与农民联系紧密，建立了科学合理的利益联结机制，有效促进农业增效和农民增收；预期效益和市场前景好，有较强的抗风险能力，有助于增强自身实力和为农服务能力。

产业融合以农民分享增值收益为出发点和落脚点，充分发挥供销合作社生产、服务、销售三位一体的独特优势，以涉农企业或农民合作社联合社为牵头单位，组织带领两个以上新型农业经营主体，分工协作、共同完成项目建设。建设任务原则上应安排在同一地级市（自治州、盟）；项目各主体之间以及各主体与农户之间通过有效机制结成紧密利益共同体；注重引进新技术、新业态、新模式，加快发展订单直销、连锁配送、电子商务等现代流通方式；基地规模适度，种养基础良好，产业基础坚实。产品通过有关质量体系认证，具有独立注册商标及良好品牌形象；辐射带动能力强，直接带动农户 500 户以上；工艺、技术、设备方案先进可行。

（三）合作社绿色食品认证

绿色食品是指遵循可持续发展原则，按特定生产方式生产，经专门机构认定，许可使用绿色食品标志的无污染、安全、优质、营养类食品。绿色食品的特点是强调产品出自良好生态环境,强调对产品实行"从土地到餐桌"的全过程控制,强调对产品依法实行统一的标志与管理。

合作社申请绿色食品认证,其产品必须符合 4 个条件:第一,产品或产品原料产地必须符合绿色食品生态环境质量标准;第二,农作物种植、禽畜饲养、水产养殖及食品加工必须符合绿色食品生产操作规程;第三,产品必须符合绿色食品生产标准;第四,产品的包装、储运必须符合绿色食品包装储运标准。

● C案例——科学种田融合发展,走粮食种植新路:顺友稻米种植专业合作社

一、基本情况

重庆顺友稻米种植专业合作社位于巴南区石滩镇万能村,成立于 2009 年 11 月,现有成员 121 个,种植水稻 26.67 万平方米,蔬菜 6.67 万平方米,年产优质稻 25 万千克,各类蔬菜 120 吨,开展社会化服务面积 273.33 万平方米,带动当地农民水稻种植 200 万平方米。近年来,合作社进行水稻生产、加工、销售,与供销社、农商行进行融合发展,走出了粮食生产发展新路子。2020 年合作社被评为"国家级农民专业合作社示范社"。

二、案例分析

(一)进行科学种植,提高种田效益

一是实行"统一种子、统一肥料、统一病虫防治、统一收割、统一销售",未入股农户分户种植,入股土地由合作社集中统一种植的"五统一分一集中"种植模式。农户分散种植 13.33 万平方米,合作社集中种植 20 万平方米。二是实行科学种植技术。在水稻种子上采用国标二级优质水稻品种"渝香 203、宜香 2115"两个优质水稻品种。在施肥上采用测土配方施肥,大量采用有机肥料加三元复合肥,进行科学的肥水管理。在病虫防治上,合作社安装有太阳能杀虫灯 50 盏进行杀虫,采用绿色防控技术,减少或不施用化学杀虫剂。三是进行稻鸭共育。合作社推广"稻+鸭"共育技术。26.67 万平方米稻田每亩放养 20 只鸭,亩收益增加 248 元,带动周边农户稻鸭共育 33.33 万平方米。

(二)进行"三品一标"建设,打造特色品牌

合作社制定了水稻、蔬菜生产技术标准,注册了"方斗山"牌商标,"叶用芥菜""石滩大米"申报取得绿色产品认证,获得了食品加工许可证,"石滩大米"获得国家地理标志。通过品牌打造提升合作社产品市场认知度,合作社生产的优质稻谷每千克比市场价高 0.2 元,加工的稻米每千克达到 2.5 元。

(三)提供全程社会化服务,解决种地难题

合作社修建了 400 平方米的加工厂房,购置了成套加工设备,有各种农机具 38 台,农机库 120 平方米,农机手 4 人,技术人员 12 人。合作社通过代耕、代种、代管、代

收、代销，进行农业生产全程社会化服务：一是进行农资销售、配送及技术培训。2020年组织配送农资 186 吨，举办现场培训会 6 场，培训 300 余人。二是通过"五代"服务，有效解决劳动力缺乏，谁种、怎么种的难题，为 528 户农户提供水稻种植服务 192 万平方米。三是产品通过统一加工销售，促进第一、二、三产业融合发展，延伸产业链，增加收入。全年加工销售水稻、干豇豆等农产品 3 000 吨，实现销售收入 400 万元，使农民增收 60 万元。

（四）进行融合发展，提升综合实力

一是合作社与供销社相互参股，农商行提供贷款支持"三社"融合发展。石滩供销社入股合作社 76 万元，用于购置农机具及改造大米加工车间。二是采用"专业合作社+大户+农户"模式融合扩张，在保证品质的前提下扩大水稻种植面积，增产增效。三是争取政府项目资金"向下""向外"融合发展，主动与市农资集团、区供销社、农商行等合作，"引资扩股"增实力。四是发展线上线下销售平台。以合作产品展示销售门店和石滩电商服务中心为平台，依托"互联网+"，走线上线下结合之路。一手抓好供给端，建立产品供销信息"数据库"，分品分级，实现多元供给。一手做好需求端，除门市销售外，还积极对接市农资集团、邮政电商、农禾电商等，扩展销路。同时，凡代销农产品经过统一加工、检验、包装后均高于市场价，以提升产品的商品性附加值。

（五）以"三变"促发展，实现利益紧密联接

合作社与农村"三变"改革相结合。在石滩镇方斗村，村集体以现金 50 万元、农户用 20 万平方米土地入股，由合作社集中统一经营，打造水稻绿色种植试验示范基地。村集体每年固定分红 2.5 万元，入股农户保底分红 300 元+利润四六比例分红，形成了"村集体+合作社+农户"的利益紧密联接体。

（案例来源：重庆市农业农村委员会官方网站. 重庆市农民合作社发展典型案例②走实合作共赢助力乡村振兴[OL]. http://nyncw.cq.gov.cn/zwxx_161/jdtp/202111/t20211125_10035599_wap.html, 2021-11-25.）

三、知识链接

（一）农产品"三品一标"

"三品"是指无公害农产品、绿色食品、有机食品，"一标"是指农产品地理标志产品，统称"三品一标"。

无公害农产品是指使用安全的投入品，按照规定的技术规范生产，产地环境、产品质量符合国家强制性标准并使用特有标志的安全农产品。无公害农产品中不含有关规定中不允许的有毒物质，并将某些有害物质控制在标准允许的范围内，以保证食用者的安全。

绿色食品是指遵循可持续发展原则，按照特定生产方式生产，经专门机构认定，

许可使用绿色食品标志，无污染的安全、优质、营养类食品。

有机食品是指来自有机农业生产体系，根据有机农业生产要求和相应标准生产加工，并且通过合法的、独立的有机食品认证机构认证的农副产品及其加工品。有机食品在生产和加工过程中必须严格遵循有机食品生产、采集、加工、包装、贮藏、运输标准，禁止使用化学合成的农药、化肥、激素、抗生素、食品添加剂等，禁止使用基因工程技术及该技术的产品及其衍生品。

农产品地理标志是指标示农产品来源于特定地域，产品品质和相关特征主要取决于自然生态环境和历史人文因素，并以地域名称冠名的特有农产品标志。

（二）土地入股

土地入股是指土地权利人将土地使用权和投资者的投资共同组成一个公司或经济实体。对社员入社的土地，根据其常年产量评定为若干股，作为交纳股份基金和取得土地分红的依据。评定社员入社土地的产量，主要根据土地的质量和实际产量，以使每个社员的利益不受损害。土地入股并没有改变土地私有制，但土地所有权已与使用权相分离，为进一步过渡到土地公有制奠定了基础。

（三）农业产业链延伸型三产融合

农村三产融合是指以农业为基本依托，通过产业联动、产业集聚、技术渗透、体制创新等方式，将资本、技术以及资源要素进行跨界集约化配置，使农业生产、农产品加工及农产品市场服务业有机地整合在一起，创新生产方式、经营方式和资源利用方式，最终实现农业产业链延伸、产业范围扩展和农民收入增加。

农业产业链延伸型融合，即以农业生产为中心向前后产业链条延伸，将农业生产资料供应与农业生产连接起来，形成农业产加销一条龙服务。在产业链中各环节的主体利益分配极不均衡，在整个农业产业链中，农户承担的成本最高，但其所得利润较少，收购、加工和销售环节承担的成本低，但却占有绝大多数利润。在实践中，合作社通过多年探索形成了多样化的农业产业链延伸型融合模式，向上游延伸至农业生产资料的供给，向下游延伸至销售、加工服务等环节，完全或部分实现了农业产加销的内部化，节约了交易成本，提高了农业的经济效益。

模块二 "合作社+公司"模式

● A案例——延链促发展，融合强能力：小江蔬菜专业合作社

一、基本情况

河北省秦皇岛小江蔬菜专业合作社组建于2011年，位于秦皇岛市抚宁区杨家营村，现有成员113名，蔬菜种植示范基地66.67万平方米，拥有固定资产价值1 900万元，

建有冷藏保鲜库 2.2 万立方米、清洗加工车间 2 000 余平方米，年加工配送能力 3 万吨。2016 年，合作社全资创办了秦皇岛匠联农业科技发展有限公司，开展农业技术推广、农事农机服务、农资销售等业务，有效提高了合作社的产品品质、经济效益和带动能力。

二、案例分析

河北省秦皇岛小江蔬菜专业合作社立足发展蔬菜产业，着力提升组织管理的规范化水平，探索"合作社办公司"发展模式，通过厘清运营机制、发挥合作社和公司各自优势，提升市场竞争力，蹚出一条主体融合发展之路。

（一）提升合作社组织管理规范化水平

合作社自成立以来，严格规范化管理，推行信息化建设，着力提高整体运行效率。

（1）健全组织机构。合作社设有成员大会、理事会、监事会，专门设置经营小组负责协调生产经营管理。经营小组内设 4 个部门，分别是财务管理部、行政人事部、供销管理部、仓储加工部。合作社发展战略规划、重大项目支出、成员分红等事项，都须经过成员大会和理事会表决通过后才能实施。

（2）规范盈余分配。合作社依据《农民专业合作社法》制定了合作社章程，对盈余分配做出原则性规定，成员交售给合作社的菜品按照市场价予以实时结算，年终合作社从可分配盈余中提取 10%作为公积金，剩余部分按成员出资比例返还。

（3）推行信息化管理。合作社采用钉钉办公软件和用友财务软件优化管理流程，应用食用农产品质量安全追溯平台，通过条码制作与扫描，准确掌握原材料采购、入库、加工、销售等各环节相关数据，提高业务管理效率，实现产品质量可追溯。2022 年，合作社启动了电商采购平台开发工作。

（二）探索合作社办公司发展模式

2016 年，合作社全资组建了秦皇岛匠联农业科技发展有限公司。合作社以种植示范基地为依托，以公司为桥梁，探索"合作社+公司+基地+农户"的主体融合发展模式，形成了蔬菜产业从农技农资服务、基地种植、冷藏保鲜、清洗加工到批发销售的完整产业链。

（1）厘清合作社和公司运行机制。在发展定位上，合作社聚焦蔬菜从种到销全产业链发展，开展蔬菜种植收购、清洗加工、冷藏保鲜、批发配送等业务。公司定位为技术服务类企业，服务范围包括开展技术咨询和培训，推广新技术、新品种，提供病虫害防治方案和多种农机服务等。在组织管理上，合作社与所办公司实行财务独立核算。合作社作为公司唯一股东，由合作社理事会代表全体成员参与公司决策。公司设置财务部、综合部、农资部、农技部等业务部门，公司中层以上管理人员超80%为合作社成员，剩余为社会聘用人员。在利润分成上，公司经营收入在扣除运营成本、缴纳企业所得税后，剩余利润全部上缴合作社，由合作社依据章程规定进行分配。2021

年，公司经营收入790余万元，净利润达50余万元。

（2）提升合作社生产经营质量。合作社统一使用公司自主经营的种子、农药、肥料，推行标准化生产，严把农资采购、生产加工、产品管理等关口，规范使用食用农产品合格证，实现出库蔬菜每包一证一码，消费者通过扫描二维码即可获取蔬菜产地和种植信息。合作社的产品抽检合格率达100%，未出现质量安全事件，被秦皇岛市人民政府食品安全委员会授予"食品安全示范基地"称号。如今，合作社生产加工的蔬菜产品在唐山和秦皇岛地区的市场占有率达60%，合作社自创品牌"小江菜社"被评为河北省著名商标。

（3）发挥好公司对接服务优势。公司以合作社基地为依托，与科研院所和农资研发企业建立合作关系，承建省级农业创新驿站和区级蔬菜品牌专家工作站，组建生姜蔬菜技术服务群，为广大菜农提供线上咨询服务。2019年，公司开设"小江学堂"，为农户提供交流和学习培训场地，承办胡萝卜种植、生姜栽培等特色蔬菜培训班16场次，培训人数达2 000余人，开展田间地头服务面积达66.67万平方米。为提高社会化服务水平，公司购置了数控种子编织机、种子丸粒机、自走式喷杆喷雾器等10多种先进设备，改进研发电动种绳播种机，累计服务面积达666.67万平方米，种子利用率及播种质量显著提高。合作社获评国家农民合作社示范社、秦皇岛市农业产业化经营重点龙头企业等。

（案例来源：农业农村部合作经济指导司. 全国农民合作社典型案例（2022年）[OL].）

三、知识链接

（一）合作社信息化建设着力点

电子商务和物流配送成为当前合作社信息化建设的重要着力点。合作社普遍开始树立网络营销的意识，尝试多元化发展电子商务。比较典型的发展模式主要如下：

（1）入驻淘宝、京东等成熟电商平台开设网店模式，这是当前合作社农产品电子商务的主流模式。

（2）合作社自建平台模式。合作社建立自己独立的网站，对产品进行分类、详细介绍，兼有"购物车"，可以在线购买、在线支付。

（3）垂直电商模式，如大连"菜管家"、武汉"家事易"等，形成了以网络为交易平台、以实体店或终端配送为支撑的"基地+终端配送"模式。

（二）合作社组建工作机构

（1）召开工作会议，成立办事机构。由理事长主持常务理事工作会议，研究成立合作社办事机构和有关业务指导部门。业务量大的合作社，可由理事长聘任总经理。

（2）聘任办事机构业务部门负责人。业务量小的合作社，由理事长直接聘任。规模较大且设置总经理的，由总经理聘任部门负责人。部门负责人确定后，由各部门负责人招聘精干业务工作人员。

（3）召开业务会议。由理事长或总经理主持、有关业务部门参加讨论研究工作计划，布置和开展合作社业务工作。

（三）合作社盈余公积

盈余公积是农民专业合作社按照章程规定或者成员大会决议从当年盈余中按一定比例提取公积金，是合作社的公共积累。根据章程规定和经成员大会讨论决定，盈余公积可用于转增股金、弥补亏损等。

（1）盈余公积的提取。合作社年终从本年盈余中提取盈余公积时，借记"盈余分配——各项分配"账户，贷记"盈余公积"账户。

（2）盈余公积转增股金或弥补亏损。合作社用盈余公积转增股金或弥补亏损等时，借记本科目，贷记"股金""盈余分配"等科目。

● **B 案例——合作社办公司，做好乡村致富带头人：兄弟蔬果种植专业合作社**

一、基本情况

临泉县兄弟蔬果种植专业合作社位于安徽省阜阳市临泉县老集镇 328 省道东侧，主要从事蔬菜种植、农产品加工销售、大棚设计建设、新技术新品种引进推广等业务。2011 年 11 月，合作社发起人带着几个愿意返乡的年轻人一起回到家乡，创办了兄弟蔬果专业合作社，共同出资流转土地，建设大棚种植蔬菜。合作社管理有方，准确把握市场需求，当年就收回全部投资，吸引了越来越多的农户主动入社。合作社现有成员 207 个，全部是农民成员，带动农户 380 户。2016 年合作社被评为国家农民合作社示范社，成为大中专院校农业教学实习基地，理事长被评为阜阳市劳动模范、全市优秀返乡创业典型等。

二、案例分析

安徽省临泉县兄弟蔬果种植专业合作社拓宽经营思路，合资创办公司，提升蔬菜产业发展增值空间，让成员分享更多红利，提升了合作社发展质量和水平；注重健全组织机制，严格按章程合理分配盈余，秉持现代管理理念，建立片长组长负责制，提高运营效率，取得了较好的经济效益和社会效益。

（一）规范运营，探索合作社办公司经营模式

（1）健全组织，建章立制。合作社设立了成员大会、成员代表大会、理事会、监事会，坚持"三公（公平、公开、公正）到位""两权（执行权、监督权）分离"，实行"理事牵头、分层管理、订单服务"的管理模式。合作社积极参与财务委托代理试

点工作，委托专业会计机构为合作社开展代理记账服务。

（2）规范管理，合理分配。合作社按照"民办、民管、民受益"的原则，为成员设立成员账户，做到"一人一个账户，一人一份资产，每年分摊到户，年年盈余返还"。合作社年末进行成本核算和盈余分配，每年将可分配盈余中的20%作为公积金提取，按照成员出资份额平均量化后分别计入成员账户，65%按照成员交易量进行返还，15%按照成员出资额、公积金等占比进行分配，实现利益共享、风险共担。

（3）创办公司，融合经营。2020年，合作社试点办公司，与安徽菜大师农业控股集团有限公司合资成立安徽菜大师润泉农业发展有限公司（以下简称"润泉公司"），注册资金6 000万元，合作社持股45%，安徽菜大师农业控股集团持股55%，双方按照持股比例进行利润分成。分工上，合作社负责种植生产，润泉公司负责市场销售。2021年，润泉公司实现销售收入3 500万元，利润525万元，合作社按照持股比例获得利润分成236.25万元。在合作社内部，合作社按照章程约定，将从润泉公司获得利润分成的15%留存合作社作为风险备用金，10%分配给合作社管理人员，10%分配给合作社农机手，65%作为盈余返还给合作社成员。

（二）加强管理，建立标准化种植管理体系

一是强基础。合作社带领技术专家挨家挨户看现场，做沟通，给农户普及大棚建设的重要性和技术要领，组织部分年轻人赴山东寿光参观学习，帮助成员筹资建设温室大棚。二是立标准。合作社从山东寿光邀请蔬菜种植专家长期蹲点，为种植户提供技术指导，规范生产管理。同时，聘请专家教授组建顾问团队，引导成员按照规范标准开展生产和管理，并逐步形成习惯自觉。三是提效率。合作社采取层级管理模式，按照种植品种、规模大小、路程远近等将基地分成7个片区，每个片区设1个片长，由合作社理事和优秀的专业种植技术人员担任，负责该片区的综合管理、资源统筹和数据统计工作。

（三）拓宽销路，巩固供港蔬菜生产基地

为了确保供港蔬菜市场份额，合作社2012年注册了"皖北靓点"商标，将每一种蔬菜的收购标准制成展板，在各片区进行展示，要求按照统一规格进行蔬菜采摘，符合收购标准的方可入库。合作社订制了统一的收纳筐，在收购点和冷库进行验货回收时，实行电子编码管理，不仅方便了管理，而且方便快速结算。

（四）培育人才，反哺乡村社区发展

合作社积极与省市农业科研技术推广部门合作，不定期地举办各种培训班，组织成员到省内外参观考察，以提高成员科学种植的技能水平。10年来，合作社累计培训3 000多人次，培养了一批经纪人和一支业务精干的管理队伍。

（案例来源：农业农村部合作经济指导司. 全国农民合作社典型案例（2022年）[OL].）

三、知识链接

（一）编制合作社盈余分配方案

1. 计算全年的收入和支出

按照会计的权责发生制原则，把本年度合作社实现的收入和发生的支出记入相应的收入和支出项目，认真做好年终决算工作，及时结转账务，计算农民专业合作社当年的收入与支出。

2. 清理财产和债权债务

每年年终，农民专业合作社应对所有的财产及债权债务进行一次全面清理。对各项资产、存货出现的盘盈、盘亏、毁损、报废等，要查明原因，及时处理。加紧催收各种应收款项，凡是属于当年应该收回的，力争全额收回；当年确实无法收回的，应按《农民专业合作社财务会计制度（试行）》规定，妥善入账处理，任何人不得擅自决定应收款项的减免。积极筹集资金偿还各项债务的本金和利息，并结出年终余额。

3. 编制盈余分配预案

年终决算结束后，合作社的财会人员应当按照《农民专业合作社法》《农民专业合作社财务会计制度（试行）》《农民专业合作社章程》以及成员大会或成员代表大会决议等，编制盈余分配预案，报理事长或者理事会，经成员大会或成员代表大会民主讨论，充分听取成员的意见，经批准后实施分配。未经成员大会或者成员代表大会通过的分配方案，农民专业合作社不得进行分配。

（二）合作社盈余分配的顺序

依照《农民专业合作社法》和《农民专业合作社财务会计制度（试行）》的规定，农民专业合作社实现的盈亏，按照以下顺序进行分配：

（1）弥补亏损。计提的这部分资金主要用于弥补农民专业合作社以前年度的亏损。

（2）计提盈余公积金。要按照合作社章程规定的比例提取公积金，主要用于发展生产、弥补亏损、转为成员出资。

（3）按交易量（额）分配盈余。弥补亏损、提取公积金后的当年盈余为农民专业合作社的可分配盈余。可分配盈余按照合作社章程规定和成员交易量（额）比例分配，这部分的分配比例不低于可分配盈余总额的60%。

（4）按成员出资分配剩余盈余。按交易量（额）分配可分配盈余后的可分配盈余为剩余可分配盈余，按照成员出资额、公积金份额、财政扶持资金和他人捐赠所形成的财产份额，按比例分配给成员。

（5）未分配的盈余结转下一年度。一般情况下，农民专业合作社当年实现的盈余应当全部分配，但经成员大会或成员代表大会决议，确需留一部分盈余不分配，应结转下一年度。

（三）合作社进行盈余分配应注意的问题

1. 盈余分配顺序问题

合作社盈余要严格按照上述程序和内容分配，以充分体现合作社服务成员的办社宗旨。

2. 公积金的提取与量化分配问题

农民专业合作社是否提取公积金，由其章程或者成员大会决定，不是强制性规定。公积金从农民专业合作社的当年盈余中提取，比例由章程或合作社成员大会决定，只有当年合作社有盈余，即合作社收入在扣除各种费用后有剩余，才可以提取公积金。公积金的量化一般有 3 种形式：一是以成员出资为标准进行量化；二是把成员出资和交易量（额）结合起来考虑，两者各占一定的比例进行量化；三是单纯以成员平均分配的办法来量化。

3. 可分配盈余的分配

农民专业合作社的盈余分配，主要由两部分组成：一是提留公积金；二是扣除公积金之后的可分配盈余。合作社可分配盈余的分配实行按交易量（额）返还为主、按股金分红为辅的盈余分配制度，这是与公司依据出资额进行利润分配的根本不同之处。

4. 要确定一定的股金分红比例

合作社之所以要实行股金分红，主要原因有：一是合作社成员的经济实力不同，或者由于其他因素，有的出资多，有的出资少，有的甚至没有出资。二是为了更好地筹集到合作社发展所需要的资金，适当按照出资进行盈余分配，可以使出资多的成员获得较多的盈余，从而实现鼓励成员出资、壮大合作社资金实力的目的。三是在实行按交易量（额）返还为主的前提下，实行按股金分红为辅，以充分兼顾各方利益，在坚持合作社价值观的原则、增强合作社的凝聚力和活力的同时，又可以保障出资人（包括公司、大户）的利益，并增强合作社筹集资金的能力。

● C 案例——抓特色、促转型、合作共赢：山格淮山专业合作社

一、基本情况

安溪县山格淮山专业合作社抓准长坑乡山格村特产山格淮山，采取"合作社+公司+基地+农户"利益联结的经营方式，发明淮山钻孔灌沙种植等新技术，推出淮山面线、淮山营养米粉、早餐粥等特色产品，建设淮山农业观光产业园，引领淮山全产业发展，使山格村成为依靠特色产品推动乡村振兴的典范。合作社创办了福州山格淮山分公司、电子商务中心，设立了安溪淮山协会厦门办事处，形成了规模化经营格局，打响了山格淮山品牌。山格淮山成为福建省名牌农副产品，被评为福建省金牌老字号，获得第五届海峡两岸农订会创新产品金奖、第十一届 618 海峡两岸职工科技创新奖、第七届

和第十届国际发明展览会银奖、国际发明展览会德国站铜奖。

二、案例分析

合作社建有 1 个淮山生产主产示范区和 11 个淮山生产副产区，总面积 100 万平方米，采用"基地+农户"的生产经营模式，以 16.67 万平方米基地示范，通过农户自种产品签约入社、承包土地经营权入社、劳动力入社等方式，保价收购成员农户种植的淮山，吸引周边 8 个乡镇 3 万多名农户参与淮山种植。

合作社不断探索科学生产经营和管理模式，做到"四个统一"。一是统一生产技术规程，规范 12 个基地的淮山生产技术。二是统一农业投入品，建立农产品种植规范，统一投入品的规格、用量等。三是统一加工，建立 1 万多平方米的淮山加工厂房，开发生产淮山茶、淮山面线等 10 多种淮山产品。四是统一门店销售规格，不符合标准的门店一律不予上市营业。如今，合作社在福建省已有 115 家门店。

合作社吸纳福建省山格农业综合开发有限公司入社，借力公司成员的人力、财力和物力优势，在技术创新上取得新的突破。

（1）研发真空包装技术。为解决山格淮山保鲜问题，合作社请来福建农林大学专家进行指导，发明了山格淮山真空包装技术，使山格淮山市场价从每千克不足 2 元上涨到 7 元，最高时达到每千克 20 元。

（2）发明钻孔灌沙种植新技术。合作社成立了淮山产业技术研究会，通过反复试验，摸索出山格淮山钻孔灌沙种植新技术，让淮山根块更易纵深生长，表色澄澈明亮，淮山产量和品质大幅提升，走上了科技带动产业发展之路。

（3）研发有机肥。为解决传统技术种植淮山"隔年生产"的难题，合作社与省、市科研单位开展合作，研发可改善土壤营养状况的有机肥，让淮山园每年都能保质保量生产，实现年年耕种。

（4）研发产品深加工延伸产业链。合作社和省农业科学院合作研发淮山精深加工技术，推出淮山精装、淮山原薯、淮山营养米粉、淮山手工面线、淮山营养粉、淮山酥、淮山薯片等绿色、健康、原味的淮山系列产品，受到市场追捧。

（案例来源：乡村集结号公众号. 推荐我国农民合作社七个典型成功案例：绿色发展，推动产业转型[OL]. https://baijiahao.baidu.com/s?id=1754616293674860126&wfr=spider&for=pc, 2023-01-10.）

三、知识链接

（一）合作社建立农产品生产基地的意义

建立农产品生产基地，一是可以充分利用当地资源，实现生产的专业化和种植的区域化，使基地尽可能成方连片，形成规模优势，有利于提高农产品的产量和商品率。二是通过采用先进技术装备，开展农产品加工，强调生产技术规程的组织实施，促进优化农产品区域布局和延长农业产业链条，提升农产品的综合利用水平，有利于提高农业综合效益。三是通过构建产前、产中、产后的一体化经营模式，实行专业化、集约化经营，推行农资供应、病虫害防治等统一服务，有利于吸纳农村富余劳动力就业，增加农民收入。

（二）合作社建设农产品生产基地的原则

农民专业合作社在创建农产品生产基地时要遵循如下原则：

1. 以市场需求为导向

遵循市场经济规律，发展优质、安全、生态、方便、营养的农产品，不断适应和满足市场需求。

2. 发挥区域比较优势

因地制宜，充分发挥其资源、经济、市场和技术优势，依托优势农产品专业化生产区域，发展优势、特色农产品加工业，逐步形成农产品和加工产业带，实现农产品加工业原料基地的有机结合。

3. 适度规模经营

建设农产品基地，要与发展农产品加工业的规模和市场需求相适应。

4. 采用先进实用技术

保护和发展具有地域特色的传统技术，选用先进实用的技术和绿色、无公害生产技术装备，积极引进和开发高新技术。

5. 发展和保护相结合

坚持高标准、严要求，采取保护生态环境的措施。

（三）合作社农产品生产基地的创建

1. 选择生产项目

生产项目有主导项目、补充项目和辅助项目之分，项目选择就是回答"想做、可做、能做、得做"的过程。想做是指一个项目的选择是在实现一个合作社的梦想，它是战略决策中的一个重要方面。可做是指一个项目在客观上要属于好项目。能做是指该合作社有无能力管理好这一项目。得做是指在满足了"想做、可做、能做"的情况下，合作社的项目选择就成为顺理成章的事情。

项目选择要从实体的角度出发进行判断，要确保信息的准确，考虑选择权归属，分析项目的预期效益，考虑再投资和技术进步等。

2. 进行可行性研究

进行项目选择时，要进行可行性研究，从项目建设的必要性、项目建设规模、项目的投资估算、项目的经济效益分析、项目建设方案的比较分析等方面进行综合分析论证，在得出有利的结论后，经社员大会或社员代表大会通过后，方可组织实施。对项目进行可行性研究，是为了使项目选择更为准确，避免造成决策失误。

3. 确定运作模式

在运作模式的选择上，实力较强的合作社可以自建生产基地，采用"合作社+农户"的运作模式，以增加合作社的整体收入，便于统一管理；经济实力不强的专业合作社，应积极与各类加工龙头企业、连锁超市联系，得到他们的支持，采用"公司+合作社+农户"的运作模式，与他们联合创办生产基地，实现基地的生产、经营、管理的一体化发展。

4. 做好质量管理

农民专业合作社的生产基地建设要根据自身条件，选择在交通便利、便于管理、不易受到污染的地方；要积极引进农业生产的新技术、新工艺，严格控制化肥农药的使用，建立健全质量控制措施；要按照国家无公害、绿色或有机产品生产基地生产、操作和管理的要求，加强生产基地的管理，争取成为无公害、绿色或有机农产品生产基地。

模块三　"合作社+政府"模式

● A 案例——支部引领聚合力，合作经营谋新篇：蟠龙种植专业合作社

一、基本情况

安徽省砀山县葛集镇高寨村的党总支书记于 2021 年牵头成立砀山县蟠龙水果种植专业合作社。为壮大集体经济，在村党总支书记的领导下，村"两委"干部带头、村民积极参与，通过"党组织+合作社+基地+农户"的发展模式，创新了利益联结机制，改变小农单兵作战的问题，带动周边农户增收致富。合作社将大棚羊肚菌和黑皮鸡枞菌作为主导产业，采用土地、大棚作价入股的方式加入合作社，将党组织的政治优势和合作社的市场优势相结合，打造羊肚菌加工基地，吸纳周边群众就业，采用"线上+线下"模式进行统一销售，拓宽销路，实现集体增收、群众致富。

二、案例分析

政府组织遴选主导产业确定新发展方向。村党总支书记带领村"两委"干部多方通过考察调研，组织村干部、农业专家和致富能人召开本村产业发展的专题会议，研究发展方向。通过多类型产业对比以及财务分析，"两委"班子成员和农业致富带头人认为大棚羊肚菌和黑皮鸡枞菌可作为主要产业。村党总支书记先行进行试验种植，随后创办了高寨村蟠龙种植专业合作社，多名村干部与致富带头人采取了土地、大棚等

资产作价入股的方式加入合作社进行试种。周边农户看到羊肚菌的收益，随即纷纷加入合作社。高寨村又将投资 300 余万元的村级冷库作价入股，占股 30%，群众以 13.33 万平方米大棚作价入股，占股 35%，入股社员可获得"保底+分红"收益。2022 年每户每亩固定收益 1 200 元，每户分红 1 750 元。高寨村通过探索实施"党组织+合作社+农户"的生产经营模式，结合党组织的政治优势、合作社的市场优势，增强了党组织的核心地位，体现了凝聚效益。

规范化运营保障产品质量、增加经营效益。合作社建立了"统一流转、统一种植、统一管理、统一销售"的四统一管理模式，按照"保底+分红"的方式，以每亩 1 200 元的价格从农户手中流转闲置大棚。合作社分批次组织社员学习先进的栽培技术、管理经验，组建专业技术团队，帮助种植户明晰种植重点。为保障产品质量，合作社统一提供菌棒，制定收购标准和收购价格，采取线上线下结合的模式进行销售，稳定羊肚菌的销售价格，实现可观的经济效益。

高寨村采取抱团发展的思路，将合作社、家庭农场等经营主体联合起来，搭建利益联结机制。利用村级冷库基地与经营主体共同打造了集生产、加工、保鲜、速冻于一体的羊肚菌基地，吸纳就业 66 人。同时，合作社和村集体、农户建立了完善的收益分配方式，依托合作社的营业收入按照股份占比进行分红。2022 年合作社盈利 60 万元，村集体分红 18 万元，用于提升村内基础设施建设和岗位设置。通过组织引领、统一运营、利益联结的模式，高寨村集体经济实现了增收，带动了村民就业，带领了村民致富。

（案例来源：砀山县人民政府文明创建专栏. 村党组织领办合作社典型案例：支部引领聚合力合作经营谋新篇[OL]. https://www.dangshan.gov.cn/ztzl/wmcj/158009091.html, 2022-11-24.）

三、知识链接

（一）土地入股的原则

土地经营权入股是用活土地经营权的有效形式。入股的原则如下：

（1）落实"三权分置"，严守政策底线。坚持农村土地集体所有权，依法维护村集体对承包地的各项权能。

（2）遵循市场规律，发挥政府作用。坚持市场在资源配置中的决定性作用，要客观反映土地等要素的实际贡献和稀缺程度，按照市场规则协商确定入股各方的权利义务和利益分配。

（3）因地制宜推进，循序渐进发展。充分考虑地域差异、经济基础及农村劳动力转移等因素，根据实际情况适度开展土地经营权入股。

（4）强化风险管控，维护农民利益。土地经营权入股期限不能超过土地承包剩余期限，入股的土地不能改变土地的性质和用途，不能降低耕地的基础地力，严禁入股土地"非农化"。

（二）合作社成员的出资与分红

根据合作社成员的出资多少，可以把合作社股东分为两类：一类是"普通股"社员，只入股 100～200 元，享受合作社的一般性服务，不参与合作社的第二次"按股分红"。第二类是"发展股"社员，其实就是合作社真正的股东，可以采取 5 000～10 000 元每股的入股方式。此股参与合作社的第二次"按股分红"。发展股成员其实就是合作社的真正出资股东。

（1）出资形式。以货币出资，也可以用实物、知识产权等能够用货币估价并可以依法转让的非货币财产作价出资。成员以非货币财产出资的，由全体成员评估作价。成员不得以劳务、信用、自然人姓名、商誉、特许经营权或者设定担保的财产等作价出资。

（2）分红方式。一是合作社按交易量盈余返还；二是按股份分红。根据合作社的成员分类，普通股成员只享受可分配盈余 60% 按交易额返还，不参与剩余 40% 的分红。发展股成员可以参与 60% 按交易额返还，同时享受 40% 的按出资额比例返还。

（三）新型农村集体经济的特征

新型农村集体经济，是指在坚持农村基本经营制度的前提下，适应社会主义市场经济要求，通过农村集体产权制度改革建立起产权清晰、成员明确、运行规范、分配合理的地域性集体经济组织，主要利用农村集体所有的资源资产，开展多种形式的合作与联合，促进集体资产保值增值，实现集体成员共同发展的一种经济形态。其本质仍是农村集体经济，是社会主义公有制经济的重要组成部分。

相较传统农村集体经济，新型农村集体经济的要素联合范围更加广泛，除了劳动联合外，还包括土地、资金、技术、管理及文旅资源等各种要素的联合，而且不排斥与其他所有制经济的联合，要素所有者从农村集体延展到农户个体、国有企业、城镇工商企业等多元化经营主体。贯彻了开放、包容、共赢的理念。

新型农村集体经济具有以下几个突出特征：
（1）集体资产清晰化。
（2）成员确认规范化。
（3）集体资产股权化。
（4）内部治理制度化。
（5）多元经营共赢化。

● B 案例——党建引领创优势，强村富民兴产业：亮剑养殖专业合作社

一、基本情况

砀山县朱楼镇梁寨村将基层党建与产业发展进行融合，走出一条以肉牛为主导产业的发展之路。梁寨村村党总支带头领办了砀山县亮剑养殖专业合作社，结合本村的

资源优势，采取"党总支+合作社+大户+普通农户"的发展模式，吸引有养殖经验的农户入股，走规模化养殖路线，开展多元化股份合作，优化利益分配机制。截至2022年，该村集体经济经营性收入突破50万元，合作社每年为村集体增收10万元。

二、案例分析

立足本村资源优势，选取效益可观的产业升级路线。梁寨村村"两委"干部结合村里大量的小麦、玉米饲料资源，经过多次磋商研判后，决定将肉牛养殖作为村内产业升级的重要载体。2022年年初，村党总支书记积极领办砀山县亮剑养殖专业合作社，吸纳拥有养殖经验的党员，发挥党员示范引领作用，吸引周边农户采取土地、资料等要素入股的方式参与合作社创建。在村"两委"干部的带动下，2022年年底合作社引进西门塔尔肉牛品种，搭建牛棚5座，存栏牛260余头。

股份合作优化利益分配模式。村党总支书记担任合作社理事长，采取"党总支+合作社+大户+普通农户"的发展模式，将建设牛棚作为村集体固定资产入股合作社，采取"保底+分红"的模式吸纳养殖户入股合作社。每年年底，合作社将扣除发展成本后纯收益的10%作为风险补偿金，10%作为村级发展积累基金，剩余部分按照股权设置进行分红，每年增加村集体经济收入不低于10万元。村党总支引导鼓励普通农户以资金、人工、技术等入社参建，合作社积极开发用工岗位，聘用本村困难群众8人参与喂养、保洁、防疫等工作，每人每月可增收2 000元。

智慧农业提升养殖水平，循环经济创新发展模式。合作社定期召开社员交流会，邀请有肉牛繁殖经验的专家在养牛基地进行现场示范，推行"党员+产业""智慧+产业"发展模式。合作社探索订单式养殖和远程营销产销模式，在圈舍内安装慧眼摄像头，让意向客户在手机终端上能够实时查看肉牛生长过程，不断延伸产销链条。合作社收购村内农户小麦和玉米秸秆进行粉碎加工获取饲料，让秸秆资源"变废为宝"，积极开展"粪污还田"。合作社产生的牛粪销售给村内农户用作肥料，在减轻合作社环保压力的同时，还可以产生额外收入。

（案例来源：砀山先锋公众号. 村党组织领办合作社典型案例④：肉牛养殖"犇"出一条振兴路[OL]. https://mp.weixin.qq.com/s/HibQSkH19mSO66DtGRwTRg, 2022-11-26.）

三、知识链接

（一）股份经济合作社与农民专业合作社的区别

1. 定义不同

村股份经济合作社：以资产为纽带、股东为成员的综合性（社区性）农村集体经济组织，基本职能是生产生活服务、资产经营、资产管理、资产积累和收益分配等。

农民专业合作社：以其成员为主要服务对象，提供农业生产资料的购买，农产品的销售、加工、运输、贮藏以及与农业生产经营有关的技术、信息直至网上交易等服务。

2. 性质不同

村股份经济合作社：姓"公"，性质为行政村集体经济组织，名称为"××村股份经济合作社"（××村股份经济联合社），特点是社区性和集体性，在村党总支领导下，按照对村级经营性资产进行量化，划分为股权，一人一份权，不能继承不能买卖、生有死灭，讲究集体性和社区性。如今，全国有50多万个村股份经济合作社（村股份经济联合社）。

农民专业合作社：姓"私"，特点是非社区性和个人性，5名以上农民成员就可以注册，大股东说了算、股份可以买卖继承。如今，全国注册登记的农民专业合作社有400多万个，构成了农村市场主体的重要组成部分。

3. 执行法律不同

根据《民法典》及《集体经济组织法》规定，村股份经济合作社是特殊法人，具有乡村政权性质，兼具乡村治理之责，不能破产。根据《民法典》及《中华人民共和国农民专业合作社法》规定，农民专业合作社符合营利法人，以营利为主要目的，赚钱与乡村治理无关，与股东有关，亏钱随时可以解散。

4. 登记机关不同

村股份经济合作社，在县（区）农业农村部门××农村集体经济组织登记证书。农民专业合作社，在县（区）市场监管部门或行政审批部门登记××营业执照。

（二）数字农业的组成

（1）农业物联网。农业物联网从本质上讲，是一套数控系统。在一个特定的封闭系统内，以探头、传感器、摄像头等设备为基础的物物相联。它根据已经确定的参数和模型，进行自动化调控和操作。需要以硬件设备的投资和联网为基础，因此投资额较大，主要用于设施农业生产过程的管理和操作，也用于农产品的加工、仓储和物流管理。

（2）农业大数据。农业大数据是与农业物联网相对应的概念，是一个数据系统，在开放系统中收集、鉴别、标识数据，并建立数据库，通过参数、模型和算法来组合、优化多维和海量数据，为生产操作和经营决策提供依据，并实现部分自动化控制和操作。

（3）精准农业。精准农业是建立在农机硬件基础上的执行和操作系统，主要是指以农机的单机硬件为基础，配以探测设备和智能化的控制软件，以实现精准操作，变量控制（包括变量播种、变量施肥、变量喷药等），无人驾驶，以及最佳的工作环境和场景适配。精准农业强调的是（单体）设备、设施操作的精准和智能化控制，是硬件+软件。

（4）智慧农业。智慧农业是建立在经验模型基础之上的专家决策系统，其核心是软件系统。智慧农业强调的是智能化的决策系统，配之以多种多样的硬件设施和设备，是系统+硬件。智慧农业的决策模型和系统可以在农业物联网和农业大数据领域得到广泛应用。

（三）农产品供应链的关键环节

农产品供应链的关键环节包括以下几个方面：

（1）农产品生产：包括农田耕种、养殖、渔业等农业生产活动。

（2）采购与收购：供应链中的批发商或代理商通过与农产品生产者进行协商，采购农产品。

（3）加工与包装：将农产品进行加工和包装，以提高产品的附加值和便捷性。

（4）物流运输：包括将农产品从生产地运送到销售地的运输环节，涉及不同的运输方式，如公路、铁路、航空和水路等。

（5）存储与仓储：农产品的暂时储存和管理，确保产品的质量和安全。

（6）销售与分销：将农产品推向市场，包括批发商、零售商和超市等销售渠道。

（7）信息流与数据管理：供应链中的信息流动和数据管理，包括农产品的追溯、质量检测、市场需求预测等。

● C案例——党建核心引擎发力，提高产品品牌效益：北寨红杏产销专业合作社

一、基本情况

北京市平谷区南独乐河镇北寨村党支部书记创办了北寨红杏产销专业合作社，探索形成了"村党支部+农民合作社+果农"的发展模式。合作社北寨红杏产业提档升级，建立起产品追溯体系，推动创新营销方式，评选销售能人，打造"北寨红杏"品牌。村组织开展的"云端赏花""云端带货"等系列活动，拓宽了销售渠道，推动了国家地理标志产品实现优质优价，实现了北寨红杏品牌效益和高附加值。

二、案例分析

北寨红杏是国家地理标志产品，但长时间以来并没有实现较高的品牌效益和高附加值。农户长期分散种植，而中间商收购时也只是零散收购，导致村民的销售效益较低。作为国家地理标志产品，北寨红杏的竞争力不强，没有进行统一规范化的包装，加之红杏本身易耗难以保存，果品的外观较差，销售效益较低。于是，北寨村党支部书记引领创办了北寨红杏产销专业合作社，引导村民出资入股农民合作社，助力集体经济发展。

合作社推出专人、专业、专班的特点，对北寨村的集体经济发展进行统一指挥协调。为进一步拓展北寨红杏的销售渠道，北寨村成立专班，指定专人负责管理合作社。

由村"两委"评议推选村内销售能人,专门负责全村红杏的销售推广工作,提前走出去联系商户。合作社与农户提前签订订单协议,在规定的时间内统一收购本村农户的北寨红杏。针对红杏的外观、成熟度、农残抽检等制定了统一的收购标准,设计了统一的包装,明确了统一的收购价格,从而增加了红杏的市场竞争力。

构建全新营销矩阵,畅通销售渠道。北寨村两委对接新农人讲师团队,量身定制了针对北寨红杏的短视频、直播电商等销售课程。通过新农具——手机将北寨红杏由直播助农、短视频、微信公众号等平台销往全国各地。在红杏成熟时期,开展云端带货、云端赏花等活动,将文创赋能农业,打造北寨品牌,吸引消费者。北寨村在区、镇两级政府的支持下,引进京东、顺丰、中国邮政、西贝甄选等电商平台,签署了包装定制、线下揽件、线上销售的全程合作协议。让当地农户能够不出村就邮寄出北寨红杏,便利了红杏物流。

科技支撑、产品溯源,进一步提升品牌价值。合作社与中国农业大学合作,建立科技小院,针对土壤、环境的质量改善等进行技术研究,帮助果农规范土壤施肥。另外,合作社还建立了统一的农产品溯源体系,制定可追溯的销售二维码,粘贴在北寨红杏的包装上。消费者能够通过扫描二维码获取北寨红杏的采摘时间、果农负责人、营养成分等完整的追溯链条。

(案例来源:农业农村部合作经济指导司. 全国农民专业合作社典型案例(2021)[OL].)

三、知识链接

(一)农产品追溯系统

农产品追溯系统是针对农产品建立的溯源系统,用于追踪农产品从生产到消费的全过程信息,确保产品质量安全和提高产业链透明度。农产品追溯系统实现了对产品生命周期内关键信息的记录和管理,是指通过记录和管理农产品生命周期内的关键信息,实现对产品质量和安全的控制。农产品追溯系统常包含以下要素:

(1)产品编码:为每批农产品赋予一个唯一的编码,与关键信息对应,用于识别产品来源。

(2)生产信息:记录农产品的种植信息、施肥信息、病虫害防治信息等,与产品编码绑定,用于追溯产品生产过程。

(3)品种信息:记录农产品的品种名称、特征和检验报告,与产品编码对应。

(4)品质信息:对农产品进行脂肪酸组成、营养成分等检测,与产品编码绑定,确保产品质量。

(5)采收信息:记录农产品的采收日期、地点和采收条件等信息,与产品编码对应,用于追溯产品采收过程。

(6)包装信息:记录农产品的包装材料来源是否符合标准,与产品编码对应,确保产品安全。

（7）仓储信息：记录农产品的入库、出库日期和储存环境，与产品编码绑定，用于监控产品仓储质量。

（8）物流信息：记录农产品的运输途径、承运人信息和运输环境，与产品编码对应，用于追溯产品运输过程。

（9）经销信息：记录农产品的零售商、批发商信息，与产品编码绑定，用于追溯产品流通过程。

（10）检验信息：对农产品进行定期抽检，记录检验结果与数据，与产品编码绑定，验证产品标准和质量。

（11）信息系统：用于收集、存储、管理和查询农产品生命周期内的关键信息，实现信息共享和追溯。

（12）系统安全：对信息系统和数据进行严密控制，确保信息的真实性、准确性和安全性。

（二）农产品直播电商的营销策略

农产品通过"直播+电商"的营销模式打破了传统农产品营销模式的壁垒，可以让消费者在直播中了解全国各地的特色农产品，从而有效提高农产品的销售量，带动当地农业经济发展。

1. 提高农产品质量，推进农产品品牌化发展

农业品牌化发展能够有效增强农产品的市场营销能力，延长农产品产业链，促进农业产业化生产经营，形成规模经济。

2. 创新直播内容，打造高质量直播

农产品直播营销应重视消费者的情感和偏好，挖掘农产品文化内涵，向消费者讲好自己的产品故事，打造差异化的直播内容，从而增加消费者的参与度与关注度，使农产品直播内容更加情景化和具体化。

3. 培养专业直播人才，打造专业团队

优秀的专业直播人才不仅要充分了解农产品的基本信息，还要具备专业的销售能力、懂得直播技巧，充分了解消费者的消费心理。培养专业的直播人才，打造专业团队，以此来带动农产品的销售量和销售额。

（三）打造农产品区域公用品牌的方法

农产品区域公用品牌是指在一定区域内被相关机构、企业、农户等共有的品牌。他们在生产地域范围、品牌使用等方面有着共同诉求与行动，通过联合打造农产品品牌，提高区域内外消费者评价，促进区域产品与区域形象共同发展。打造农产品区域公用品牌的方法如下：

1. 做大做强做优农产品品牌

培育壮大农业品牌经营主体，加强对地理标志的保护，打造更多具有市场竞争力的优质企业品牌。加强产品宣传推介，举办和参加地理标志农产品展览展示、文化节庆等活动。依托地标农品中国行、国家地理标志农产品展示体验馆等公益平台，扩大品牌影响力。挖掘传统农耕文化，培育以地理标志农产品为核心的区域品牌。

2. 加强科技支撑和标准化建设

借助农业科技力量，建设区域特色品种保存和繁育基地，加强区域特色品种的调查收集、提纯复壮和繁育选育。建立健全农业高质量发展标准体系，制修订粮食安全、种业发展、耕地保护、产地环境、农业投入品、农药兽药残留等标准。建立和推广应用农业农村大数据体系，推动物联网、大数据、人工智能、区块链等新一代信息技术与农业生产经营的深度融合，保障农产品的品质和安全性。

3. 增强农户的品牌保护意识

加大对农户的宣传教育力度，采取通俗易懂的形式，通过典型实例让农户了解产品质量与农产品区域公用品牌之间的关系，增强农户的品牌保护意识，形成自我发展、自我约束、自我积累的良性机制；引导农户按照标准开展生产管理，稳定农产品的品质。

模块四 "合作社+金融机构"模式

● A 案例——金融活水助生产，及时贷款解春耕之急：系列贷助推合作社发展模式

一、基本情况

中国农业银行青岛市分行、青岛市农业农村局、青岛市海洋发展局、青岛农业融资担保有限责任公司联合推出的"琴岛"系列贷是面向青岛地区种业相关企业和个人发放的信贷产品，包括流动资金贷款、固定资产贷款、个人经营贷款等资产业务，可针对性、系统性、规模化支持农作物、畜禽、水产、微生物等全口径种业经营主体。在青岛的春播期，中国农业银行青岛市分行各网点团队利用春节前后的农闲时节，走村入户开展调研，集中了解普通农户、种粮大户、专业合作社等新型农业经营主体的春耕资金需求，对有融资需求的农户等进行贷款调查和授信，开通服务春耕备耕信贷服务"绿色通道"，并根据区域种植特色创新信贷产品实行信贷审批优先受理、优先办结。青岛永和蔬菜专业合作社、青岛孝里莱乡绿色农业专业合作社受益于该金融业务。

二、案例分析

平度市仁兆镇是青岛市的蔬菜大镇，该地区种植的大蒜、洋葱等不仅供给青岛市，

还远销海内外。为了实现更大规模的种植、提升蔬菜品质，在青岛市平度市仁兆镇发展形成了众多占地几百亩上千亩的专业合作社。在蒜薹迎来收获的季节，村民们都在为提高产量、储存、批发做准备。

青岛永和蔬菜专业合作社专注于农产品种植、新鲜蔬菜批发等，其家庭经营规模位列前茅。从创办合作社起不断扩大规模，预计开展大棚种植。但是在创建初期，需要 5 万元的启动资金。永和蔬菜合作社负责人却没办法获得贷款，于是通过"琴岛"系列贷使用信用进行预批贷款，提前完成贷款手续办理，预批 100 万元授信额度，为蒜薹的收购储存提供了可选择的操作空间。

平度市古岘镇一里村的青岛孝里菜乡绿色农业专业合作社采用"农户+合作社+第三方"的模式，统一采购种子，安排社员进行种植，在种植过程中合作社会为村民统一提供肥料和种植技术指导，村民可自行进行田地的种植维护。富硒蔬菜的种植成本每亩地高出千元左右，通过合作社集中采购生产资料，社员可以成本价进行种植。除此之外，合作社还提供统一的技术指导，再统一配送到各大商超进行销售。但是合作社的统一化、标准化生产并不是一帆风顺的，在设立初期便遇到了标准化农田难以建设的难题。"琴岛贷"的及时雨贷便帮助合作社顺利实施标准化农田建设。有了资金支持，在现代农业的推进过程中合作社更舍得投入，将高标准规划所需设施一步到位。

胶州铺集镇马家是当地种粮大户，承包土地 26.67 万平方米，主要种植小麦和玉米以及经济作物，春耕备耕时期资金的需求加大，在化肥、种子、农药等农资采购方面大约有 50 万元的资金缺口。因为资金问题得不到解决，春耕备耕一直推进缓慢。在了解情况后，工作人员上门与客户取得联系，并且联系青岛农业融资担保公司上门勘察，收集农户材料，并出具预担保函。在 3 个工作日之内，为客户成功发放贷款 50 万元，解了燃眉之急。

2023 年以来，青岛分行涉农贷款累计投放 86.1 亿元，同比增加 27 亿元。其中农户贷款累放 20.3 亿元，同比增加 6.2 亿元，为春耕备耕及时注入"金融活水"。截至 2023 年 8 月，"琴岛"系列贷已累计投放超 40 亿元，支持企业超过 200 家，惠及近两万农户。

（案例来源：中国新闻网. 山东青岛推出"琴岛·种子贷"以"金融活水"助乡村振兴[OL]. https://baijiahao.baidu.com/s?id=1750302056579312965&wfr=spider&for=pc, 2022-11-23．）

三、知识链接

（一）农业贷款的申请条件

农业贷款简称"农贷"，是农业银行和其他农村金融机构对农业生产所需资金发放贷款的总称。贷款对象是国营农业企业、集体农业企业和农户。国营农业企业贷款包括：国营农业企业流动资金贷款、国营农业企业投资性贷款、农办工商企业技术改造贷款和家庭农场贷款。集体农业企业贷款包括：集体农业生产费用贷款、集体农业生产设备贷款、乡镇企业贷款、信用合作社贷款和农民个人贷款。

（1）如果有办理农业贷款需求的用户，可以向银行申请，但贷款需要用于符合政策条件的事项，而且通常贷款申请人需要是18~65周岁，具有完全民事行为能力的人。

（2）申请时需要向银行提交相关的资料，如申请人的身份证、户口本、婚姻状况证明、经营许可证、个体工商户营业执照、税务登记证、征信报告等。银行受理贷款申请后，会对用户进行全面审查。

（3）农业贷款的单位或是个人，都要有符合规定比例的自有资金，如果是大额贷款，一般都需要有相应的担保或是足够的资产作抵押。如果有担保就需要签订担保合同。

（4）审核通过后，银行会通知申请人签订贷款合同、协议等，然后用户就可以等待放款，再按时还款。

（二）小额信贷

小额信贷是指通过融资中介，按照组织化、制度化、商业经营原则，为具有一定潜在负债能力的中低收入群体提供小额、短期、连续、简便的信贷服务。小额信贷大都无须抵押和担保。小额信贷本质上是一种信贷方式，最初是为了解决在一般市场经济条件下，中低收入群体进入正规金融市场困难的问题。

小额信贷产生的社会与经济背景具体表现为：低收入者有独特的信贷需求。低收入者最初只需要小额度贷款，资金的使用方向不明确，并且缺乏可供抵押和担保的财产。低收入家庭通常缺乏可变卖的财产，多数除了自己居住的低价值住房和牲畜外，没有其他高价值的财产。而在市场发育落后的条件下，住房和牲畜基本上不具有抵押的可行性（如在广大农村地区，农户最有价值的财产无外乎土地和住房，但是土地仅有使用权，住房没有房产证，均难以抵押担保），这使银行信贷所要求的财产抵押方式不适用。

（三）农村金融的特殊性

农村金融是指农村货币资金的融通，是指以信用手段筹集、分配和管理农村货币资金的活动。农村金融涵盖了一切与农村生产生活相关的金融业务。农村金融的特殊性体现在以下方面：

（1）涉及面广。农村金融在农村经济生活中处于中枢地位，农村货币资金流通和信用关系必然涉及农村各个领域，农村金融不仅涉及农业，也涉及农村经济活动中的工商业；不仅涉及农村，也涉及城市。农村经济的发展，扩大了农村资金供求规模，拓展了资金活动的领域，强化了农村金融对农村经济的影响。

（2）风险较高。农村金融风险较高主要表现在两个方面：一是农业生产易受各种自然灾害的影响，使农业生产出现波动性和不稳定性。农业生产的这个特点，必然影响农村金融的稳定性，加大农村金融机构开展业务的风险。二是农村货币资金周转速度慢，流通时间长。广大发展中国家和地区农村生产经营管理的水平较低，加之农业经济活动多受自然条件限制，农作物生产周期长，这些都会给资金周转带来一定的影响。

（3）政策性强。对于大多数国家来说，农业是国民经济的基础，国家为了支持农业生产的发展，也为了提高农民的生活水平，都会在政策以及资金扶持上向农业倾斜。农村金融必须紧紧围绕国家农业发展政策和目标来开展工作。

（4）管理较难。农村地域辽阔，地理、气候差别很大，各地区、各生产经营单位之间生产条件不一，劳动生产率有较大差异，这在发展中国家和地区表现得尤为明显，综合反映在农业生产上，具有不稳定性和资金需求的不平衡性，给农村金融管理带来困难。

● B案例——保合作织密链式金融服务，擦亮"金乡大蒜"金字招牌：
　　　　链式金融服务模式

一、基本情况

金乡是有名的"大蒜之乡"。大蒜产业在当地农业发展中占有关键地位，种植面积、产量、品质、出口量均居全国前列。金乡县兆丰果蔬专业合作社位于金乡县化雨镇北苏村，由经销商和几户蒜农合作成立，成立初期主要经营组织采购、供应成员种植蔬菜、瓜果、农作物所需的生产资料；组织收购、销售成员种植的蔬菜、瓜果。为加大对特色支柱产业的金融支持力度，培育蒜产业全链条发展，山东银行机构研究大蒜产业和行业的特点，积极探索金融支持大蒜产业的道路，以风险补偿资金为增信手段，通过"政府+银行+信保"合作机制，拓宽蒜米、蒜粉、蒜粒等粗加工企业融资渠道，探索出财信担保、农担合作、产业链金融等一大批服务模式，以供应链融资为抓手，确定核心企业、龙头企业等优质客户，瞄准上下游企业，结合本土实际，制定专项措施，不断丰富链式场景，为农民增收创富提供稳定的金融保障。

二、案例分析

（1）惠农贷款降低融资成本，有效应对资金短缺问题。金乡县兆丰果蔬专业合作社处于农产品收购加工的中间环节，收购种植户大蒜的时候需要支付现金，下游出口销售企业只能定期结算账款，因此在经营过程中时常出现资金短缺的现象，加上缺少抵押物，在传统授信的审核中获得信贷相对困难，资金流动性压力使合作社的发展面临瓶颈。2021年，合作社计划向蒜农购买大蒜2 000吨，合计约需900万元，自筹部分资金后，仍存在资金缺口。恒丰银行金乡支行获知情况后，一方面，迅速与该合作社负责人核实其资金需求金额、用途；另一方面，开通绿色通道，对惠农贷款优先办理、快速审批。通过与省农担的系统合作，合作社及时获得了200万元贷款支持，不仅解决了融资难题，而且降低了融资成本。有了贷款支持，合作社的大蒜收购很顺利，蒜农们也及时拿到了卖蒜的收入。

（2）信贷+保险模式增加合作社的融资选择。大蒜收储客群的资金占用为动产存货，管控难度大且不符合银行信贷系统的抵押担保要求，保险公司为存货提供财产保险的风险管控成本较高，以上因素制约了大蒜合作社成员的融资选择。建设银行济宁分行联合阳光财险以大蒜收储客群为银保合作目标客户，采用"信贷+保证保险"服务方式：客户将大蒜存货向保险公司质押，保险公司进行规范管理的同时，引入三家监管公司进行立体监管。科技公司负责线上监管，利用科技手段对冷库中的大蒜进行24小时实时监控，实时掌握质押大蒜的动态。地方资产管理公司负责线下监管，组织人力动态巡查。当地实力较强的资产处置公司负责处置，如大蒜价格出现下降，触及保险公司规定的红线，该公司负责处置，确保保险公司及银行债权不受损失，实现蒜农、蒜商、银行保险机构的共赢。

（3）银行惠农贷防止流动资金短缺。金乡县凯瑞果蔬合作社专注于大蒜出口的订单外贸，随着出口业务量的不断提升，流动资金短缺成了制约合作社发展的一大难题，冷库和土地等资产尚未办理产权证，也没有有效抵押资产。中国银行济宁分行了解到了其资金需求及融资难点后，通过"鲁担惠农贷+鲁贸贷"的组合方式，为其制定授信方案，仅8天时间就发放了500万元的贷款，成功助力1 000吨大蒜出口。

（案例来源：中国银协网. 乡村振兴丨银保合作织密链式金融服务 擦亮"金乡大蒜"金字招牌[OL]. https://baijiahao.baidu.com/s?id=1715220909846559074&wfr=spider&for=pc，2021-11-01.）

三、知识链接

（一）农业担保贷款

农业担保贷款是指由农村信用社与农业信贷担保有限责任公司之间合作，由省联社辖下农村合作医疗机构在符合特殊条件基础上发放的，省农担公司提供比较有限连带责任保证担保的信贷产品。担保贷款用于粮食生产、畜牧水产养殖、菜果茶等农林优势特色产业，农资、农机、农技等农业社会化服务，农田基础设施，以及与农业生产直接相关的第一、二、三产业融合发展项目，家庭休闲农业、观光农业等农村新业态生产经营。担保的对象可以是家庭农场、种养大户、农民合作社、农业社会化服务组织、小微农业企业等农业适度经营主体以及国有农场中符合条件的农业适度规模经营主体。

1. 担保期限

担保期限原则上为1~3年，对于从事回收期较长的种植、养殖等项目，可根据生产经营周期适当延长担保期限，但最长不超过10年。

2. 农业担保贷款的还款方式

贷款期限在1年期（含）以内的，应按月（季）还本付息、按月（季）付息到期还本或到期一次性还本付息的还款方式。贷款期限在1年期以上、3年期（含）以内的，应按月（季）付息、按月（季/半年/年）还本的灵活还款方式。贷款期限在 3 年期以上的，应按月还本付息的还款方式。

3. 农业担保贷款的申请步骤

用户明确向银行申请贷款，并提供相关贷款材料。银行进行审核，审核通过后，借款人与借款人签订相关协议或合同，办理抵押登记手续。协议生效后，银行发放贷款，借款人必须按时偿还贷款并办理还款手续。

（二）农村金融体系的构成

我国农村金融体系由正规金融机构与非（准）正规金融机构构成。正规金融机构包括银行类金融机构和非银行类金融机构。非（准）正规金融机构包括农村社区发展基金、资金互助组织和当铺、小额贷款组织等。

中国农业发展银行、中国农业银行、农村信用社和中国邮政储蓄银行四大金融机构共同形成了一种政策性金融、商业性金融与合作性金融分工协作的农村金融格局，构成了中国农村金融体系的主体。其中，中国农业发展银行主要承担办理国家规定的农业政策性金融业务，承担政策性收购资金供应与管理工作；中国农业银行是中国最大的涉农商业银行；农村信用社作为中国农村金融体系在农村基层的组织机构，直接面对农村各种不同的金融需求主体发放农业贷款，对象以农户为主，重点支持农户的种植业、养殖业、农副产品加工和运销业以及农户子女教育和消费支出等，同时支持部分农村集体经济组织；中国邮政储蓄银行则是在原邮政储蓄的基础上新建立的以服务"三农"为宗旨的商业性银行，拥有遍布城乡的发达网点体系。

（三）农民专业合作社金融服务运作模式

在现有的金融制度下，强化农民专业合作社农村金融服务，可以强调农户、小微企业向农村金融机构融资过程中的参与性，农民专业合作社以一定的方式向农户小微企业提供金融服务。

（1）辅助农村正规金融机构特别是农村信用社开展农户小额信用贷款。农民专业合作社大多依托一定的社区、村落和产业，具有较好的地缘、人缘关系，对成员比较了解，因此，在农村信用社开展农户小额信用贷款的过程中可以发挥重要的作用。在农村信用社开展农户小额信用贷款的过程中，大多开展了"信用村""信用镇""信用专业合作社"建设，农村信用社对"信用村""信用镇"内的农户和小微企业，给予优先获得贷款、获得优惠贷款的便利。

（2）抵押品不足的社员在向金融机构申请商业贷款时，那些规范运作、具有一定经济实力的农民专业合作社，可以向社员提供担保，以帮助社员获得贷款。

（3）对于产业化程度较高的生产型、加工型、流通型农民专业合作社，如果实行"公司+合作社+基地+农户"模式或"合作社+基地+农户"模式，那么农户生产的产品就是农民专业合作社加工、销售的原材料来源。在这种情况下，如果单个农户贷款较困难，农民专业合作社就可以以自己的名义申请贷款，然后通过向农户提供生产资料等关联交易方式，将资金转移给农户使用或者转贷给农户使用。

● C案例——农户授信贷款，链式金融提升产业价值链：香菇"菌通+"信贷模式

一、基本情况

河南西峡大力发展香菇产业，培育出百亿级大产业，成为全国十大商品香菇基地县之一。西峡农商银行针对香菇的产业链，在农户种植、香菇收购、仓储保鲜、生产加工、产品销售等香菇的5个产业链进行了链式金融服务，分别推出"菌贷通""购菌通""储菌通""企菌通""销菌通"信贷产品。西峡通过金融赋能，助力新型农业经营主体培育和良性发展，从而实现规模化、集约化经营，助推香菇产业的可持续循环发展之路。

二、案例分析

（1）"菌贷通"厚植香菇种植沃土。为有效支持农户种植香菇，西峡农商银行创新推出"菌贷通"产业链信贷产品。贷款对象是与食用菌产业发展有关的专业基地、专业合作社及特色种植户。农户授信最高不超过10万元，专业基地和专业合作社授信最高不超过30万元。农户贷款授信期限原则上不超过3年，专业基地、专业合作社授信期限原则上不超过1年。除此之外，西峡农商银行在调查香菇种植户的种植情况和资金需求的基础上，对于有还款能力和资金需求的客户，通过网上申请、移动办贷的方式给予扶持，最大限度地满足种植户的资金需要，并先后向125个香菇专业种植户、30个专业基地、25个农民专业合作社累计授信7.5亿元。

（2）"购菌通"增添收购商底气。针对香菇收购环节，西峡农商银行创新推出"购菌通"信贷产品，贷款对象为与食用菌产业发展有关的个体购销户、专业市场及收购企业。对个体购销户授信最高不超过30万元，对专业市场授信最高不超过50万元，对收购企业授信最高不超过净资产的60%。根据香菇收购季节性强、资金需求量大的特点，对符合规定的收购商，通过办理最高额贷款循环合同提前给予授信。通过"信用集镇""信用市场""信用商户"创建活动，加强香菇专业市场的培育和基础设施配套服务，实现香菇产业与大市场的有效对接。

（3）"储菌通"延长香菇存储时间。为满足食用菌收购储存环节资金需求，西峡农商银行推出"储菌通"产业链贷款。贷款对象为与食用菌储存有关的各类保鲜库及收购储存企业，并结合实际仓储规模及资金风险，以仓储质押方式对客户进行授信，贷款授信期限原则上不超过3年。发放"储菌通"贷款，既能解决鲜菇收购问题，又能解决香菇仓储保鲜问题，使香菇产量、质量、销量都得到保障。

（4）"企菌通"助力香菇深加工。"企菌通"是西峡农商银行针对食用菌深加工企

业和专业合作社推出的信贷产品，具有循环借贷、即用即还的特点，对专业合作社按照经营规模授信最高不超过 100 万元，深加工企业最高不超过净资产总额的 60% 授信。西峡农商银行把"企菌通"作为订单融资项目，将县菌办产业集聚区和相关加工企业对接，以"政府+农商银行+企业+农户"订单融资的模式，引导当地企业发展香菇深加工产业，由过去单一的干菇发展到目前的干制香菇、保鲜香菇、香菇脆片、香菇罐头等多品种局面，实现香菇的就地加工增值。

（5）"销菌通"助力香菇全球销售。针对食用菌销售有关的专业市场和深加工销售企业，西峡农商银行推出"销菌通"信贷产品，授信额度按照销售规模来确定，专业市场授信最高不超过 100 万元，深加工销售企业授信最高不超过净资产总额的 60%；授信期限原则上不超过 3 年，并按照"订单销售"和"订单融资"的方式进行动态管理。

（案例来源：农村金融时报. 推动特色产业"气势如虹"的金融力量——以经典案例折射金融助力产业振兴之现状与前景[OL]. http://epaper.zhgnj.com/Html/2022-04-18/42886.html, 2022-04-18.）

三、知识链接

（一）农户信用等级评定

信用等级评定的主要依据包括农户个人信誉、还款记录、所从事经营活动的主要内容、经营能力、偿债能力等。在信用等级评定之前，需要先建立农户档案。

农户信用等级评定的步骤是：农户向信用社提出信用等级评定申请→信贷人员调查生产资金需求和家庭经济收入情况，提出信用状况评定建议→由信用等级评定小组按照信用等级评定办法，对申请人进行信用等级评定。农户信用等级评定小组由信用社人员（理事长、主任、信贷人员、部分监事会成员等）、村民委员会成员、农民信用理事会成员代表组成。在对农户信用等级进行评定的同时，信用社为农户建立完备的贷款档案。农户贷款档案主要包括：姓名、身份证件号码、住址、联系方式等；从事生产经营活动的主要内容、收入状况、家庭实有资产状况等，还款的历史记录，所在村民委员会组织的意见，信用社信贷经办人员意见。同时，在对农户进行信用等级评定的过程中，进一步将其与信用村（组）、信用乡（销）的创建相结合，进一步强化信誉机制的作用。

（二）普惠金融体系的构成

为了让农村地区所有金融需求者，包括所有中低收入群体，都能够享受到良好的金融服务，需要构建一个普惠金融体系。

在微观层次上，普惠金融体系需要众多的金融服务提供者，它们在竞争的基础上也能为农户和小微企业提供零售金融服务，既包括非政府小额信贷组织、邮政储蓄银行、信用合作社、贷款公司、以成员为基础的社区金融组织（如社区发展基金、社区信用社等），区域性、地方性、小型化的私营和国有商业银行，以及其他非银行金融机构，如金融资产管理公司、企业集团财务公司、金融租赁公司、汽车金融公司、货币经纪公司、消费金融公司、境外非银行金融机构驻华代表处等，还包括合作社性质的非金融机构，如农村资金互助会等。非金融机构实际上常常也是金融服务的重要提供者。金融机构是多元化的，农村金融市场是一个竞争性市场。

普惠金融体系要构建保障农村信贷机构竞争和良性运转的制度基础。普惠金融体系包括为信贷服务的客户建立诚信体系，完善金融机构评级体系、审计监督机制、支付体系、流动性保障机制、信贷组织运作信息披露机制，以及创造有利于这些零售金融机构进入国内外货币和资本市场的机制，如创业投资基金发行、债券发行、资产证券化等机制建立健全存款保险制度，为多元化发展的农村金融体系提供运转的制度保障。农业保险和农村保障机制通常对资金供给者和需求者有激励作用。

（三）全产业链的内涵

全产业链是指以消费者为导向，从产业链源头做起，经过种植与采购、贸易及物流、农产品原料和饲料原料的加工、养殖屠宰、食品加工、分销及物流、品牌推广、农产品销售等每一个环节，实现产品安全可追溯，形成安全、营养、健康的农产品供应全过程。

全产业链模式是以"研、产、销"高度一体化经营理念为主导的商业模式，将传统的上游原材料供应、中游生产加工、下游市场营销全部纳入企业掌控之中，又被称为"一条龙"经营模式。同时，农业全产业链还是一种纵向多元化和横向一体化有机结合的农业产业化经营模式。

模块五　农民专业合作社联合社模式

A 案例——整合产业资源，解决销售难题：京冀质朴农民专业合作社联合社

一、基本情况

天津市京冀质朴农民专业合作社联合社是由天津京冀质朴农业科技专业合作社牵头，联合畜牧养殖、农机服务等4家合作社于2020年共同组建完成的。联合社针对农机服务、种猪养殖、蔬果种植企业、农民合作社和家庭农场的生产经营、资质、知识产权等情况，提供专业服务；并且帮助成员社拓展销售渠道，充分发挥成员社多样性优势，引进质量检测服务，提供农业技能培训，开展互联网平台销售，打造产品品牌，帮助成员社解决发展共性难题，积极探索高附加值农产品的推广模式。

二、案例分析

开拓商超销售渠道，解决产品卖难问题。北辰区房子村是葡萄种植的集聚地，种

植葡萄成为农民的重要经济来源。针对村民种植巨峰葡萄不耐储存的问题，联合社积极与信誉楼百货对接，将统一种植标准、质量合格的葡萄通过超市渠道销售，保障了农产品价格和供货速度。联合社还利用周围企业多的优势，以工会中秋节福利的方式把葡萄礼盒销往企业。

搭建线上平台渠道，解决成员社销售难题。北辰区双口镇前丁庄村绿优优农业合作社种植"烟薯25"，销售渠道单一，采取田间地头大批量收购的方式，缺少专业人员管理电商平台，线上销售渠道不健全。为解决合作社的销售难题，联合社为绿优优合作社的烟薯开展丰收节现场展销活动，采取了"宣传+品鉴+微信订购"的推销方式，合作社的烟薯销售一空。

扩宽销售渠道，推行除了传统销售渠道以外的线上电商平台销售、展销品鉴活动等方式帮助合作社进行销售。通过微信店铺，手把手对农户进行一对一现场教学，使联合社的农产品供不应求，同时增加了休闲采摘、游园会等活动，增加了联合社的产品销量。

立足当地资源，探索农产品增值新路径。北辰区双口镇有丰富的林下资源，适宜发展中药材产业，但是药材种植初期生产资金投入大，加之缺乏种植经验，农户对药材种植有抵触心理，中药材发展规划也难以落地。联合社积极与镇政府及农业农村部门对接，建立中药材种植技术服务体系，免费为农户提供市场信息和上门科技培训指导，获取农户信任。在联合社的不懈努力下，双口镇引入了药食同源的中药材试验种植，农户种植中药材获得盈利，探索出农民生产高附加值农产品的新途径。

联合社打造品牌，增加产品价值。联合社在2019年注册"质朴"商标，免费提供给农户使用。对已经注册商标的成员合作社，联合社帮助其重塑产品包装，规范商标使用，完善商标注册图表文字，提升优质农产品的品牌效应，使其进驻超市、网络店铺，大大提升了成员社的出货速度，通过统一礼盒包装将农产品的收益增加了一倍。引进质量检测服务，联合社与第三方农产品检测机构建立战略合作关系，让成员社享受样品检测的快速通道等优惠服务，同时分析检测样品，预判农产品质量安全事件。

（案例来源：农业农村部合作经济指导司. 全国农民专业合作社典型案例（2021）[M]. 中国农业出版社，2022.）

三、知识链接

（一）合作社联合社的统一业务服务

合作社联合社在技术服务、生产资料购买、营销服务上进行统一。

（1）统一技术服务。合作社的主要服务对象是内部成员，服务环节包括采购、生产、加工、运输、贮藏、销售等，服务内容包括信息、技术、资金、劳务等。因合作社能够在采购、生产、销售等环节，在技术、信息、服务等领域，为成员和集体提供帮助，所以强化农民合作社的各项功能可以有力地推动农民生产经营的运行效率，从而提高农民收入水平。

（2）统一购买生产资料。农民合作社根据成员的需求，在组织采购各种农用生产资料时，通常采取提前与供货公司达成协议，本社成员以低于市场价格来收购生产资料、政府通过干预市场形成的农业生产资料优惠价格等方式采取优惠价格购买；或者由合作社内部成立生产资料批发中心和服务中心等专门购买机构，再以出厂价或者低于市场价格，优惠供应本社社员；还可以将购买意向通过预先订货的方式反映到合作社，合作社根据收集到的购买意向，与有关厂家联系集中购买。

（3）统一营销服务。农产品营销中介发展活跃。各种农产品购销主体如个体户、专业户、联合体不断发展壮大这些中介组织，使农民一家一户的小规模生产与大市场实现了对接，改变了过去产销脱节的尴尬局面，有效地缓解了农产品难卖的问题。农产品营销服务是合作社通过创造并同购买方产生购买意向，再满足需求和促成交易的一种管理控制过程，是农产品生产者与产品市场经营者为实现农产品价值的一系列交易服务活动。

（二）农业价值链的影响因素

农业价值链就是农产品从生产、加工到流通再到消费的一系列价值增值活动和产品流通环节，即在农产品产供销的整个过程中实现农产品的价值增值和参与主体的利益联结方式。农业价值链的参与者主要是农户、生产资料的供应方、农产品收购商、加工企业、农产品运输及农产品（加工品）销售商等多个主体。核心主体是农户和核心企业。因此，用农业价值链的方式进行农业生产，就是用三产融合的理念发展农业，带动农户和农村的发展，实现价值链企业和农户以及相关产业和环境的价值最大化。

农业价值链主要受到技术和农户两大关键因素的影响：

一方面，技术的快速发展促进了农业价值链的升级。日趋提高的市场消费层次，需要通过提高农产品（深）加工业来满足，必然会导致对初级农产品需求量的增加和品质要求的提高。农产品的工业化生产或深加工、精加工，使农业产业向工业化方向发展，以创造更大的价值。此外，互联网、物联网、区块链以及生物技术等在农业中的应用也有利于降本增效。

另一方面，农户是农业产业升级的保障。解决好农户在农业价值链中的利益联结问题，特别是农户参与核心企业的合作机制和利益分配，从而保证农产品的产量和质量，为工业化生产和高科技附加值产品提供合格、充裕的"原材料"。要促进农业产业的升级，就需要提高农户在产业中的组织化程度和能力建设。随着新型农业经营主体逐渐成为农业产业中重要组成部分和中坚力量，农户的组织化程度得到了提高。

（三）合作社营销服务的模式

提供农产品营销服务是探寻消费需求，结合市场竞争实力和资源情况，对现有农产品和有待开发农产品进行的系统策划及市场推广行为，使农产品实现增值、合作社成员获利的方式。

（1）农产品代理商营销模式。农产品代理商营销模式通常在合作社成立之初，或者是刚进入一个新的地区、新的领域时被选择，以最大限度地节约合作社发展壮大的时间，抢占市场份额。现代社会的各种会议营销（农产品招商会议），基本上都属于代理商营销模式。这种模式，尤其适用于新、小合作社。

（2）经销商（农产品分销商）营销模式。在市场竞争激烈的行业，或者是综合实力比较强的合作社，大多会选择农产品分销商营销模式，这是代理商营销模式的一种进化。因为合作社发展壮大了，同时市场竞争激烈导致合作社利润空间大幅度压缩，为了更好地开拓市场，合作社必然会选择"淘汰代理商、重点扶持经销商"的营销政策，这种营销模式更多适用于那些发展比较成熟、综合实力较强的合作社。

（3）农产品直营模式。采取这种营销模式的合作社，其主要业绩来源于自我经营，而不是依赖于代理商、经销商等农产品渠道合作伙伴。

（4）农产品电商O2O模式。农产品的电子商务需要新的产品流通形式。传统农产品流通的特征在于渠道的完善，渠道已经深入几乎所有的农产品基地。农民通过建立农产品渠道网络，利用O2O模式可以建立新的流通体系，也就是"农产品在线交易平台+实体店+渠道建设+经纪人+客户"。

● B案例——信用互助新帮手，培育新型经营主体新推手：蟠龙新型农民联合社

一、基本情况

四川德阳罗江区蟠龙新型农民联合社是全国首创建立的新型集体所有制经济组织。联合社内设公共服务部、技术服务部、营销策划部、信用合作部，坚持"农有、农治、农享"基本原则，是农民自己的农业综合服务经济组织。联合社通过开展基地标准化技术服务、建立冷链集配中心、资金信用互助、产品销售服务等帮助联合社成员应对农业市场风险，有效破解了小农户生产缺技术、服务无依靠、销售无保障等问题，有力地推动小农户通过大联合对接大市场，不断激发乡村振兴的内生动力。

二、案例分析

蟠龙新型农民合作联合社的入社社员要缴纳一定的入社保证金作为"新型农民联合社"信贷资金。通过村组评分、社员代表评分、生产规模评分等7个方面进行星级社员授信资金互助，按照简化程序、方便社员、快速放款的原则，不用抵押就可根据信用等级低息贷款相应资金发展生产。在入联社员中推动落实"三个培育"，即把种养农户培育成职业农民、把业主大户培育成家庭农场、把专业合作组织培育成新型农民联合社。利用资金互助办法，累计资金互助302万元，到期还款率达100%，破解了社员的资金难题，降低了资金使用成本。

联合社开展基地标准化技术服务，提升种植技术、农资使用、田间管理的标准化水平，以订购协议和预缴定金的方式与龙头企业订单合作，组织社员订单生产，建立绿色大米基地13.33平方千米、青花椒基地12平方千米。截至目前，联合社取得大米、

九叶青花椒两个国家绿色食品认证，拥有"大回湾"商标，建立了农产品质量检测室，提高了农产品优质率与市场竞争力。联合社举行青花椒、水稻、贵妃枣等技术培训46场次，培训社员及农民4 000余人次。2022年推广应用绿色防控、水肥一体、节水灌溉等新技术6项，社员稻谷每亩增收200元，青花椒每亩增收620元。

联合社还建立了冷链集配中心与初精加工设施，开发烘干青花椒，精深加工贵妃枣冻干食品、贵妃枣酒等，延长了产业链，提升了价值链，拓宽了农民增收渠道。目前，已培育高素质农民366名，入联小农户培育成大户86户、家庭农场293个。水稻、青花椒订单与同期市场价格相比每千克分别高0.2元、1.5元，共计增加社员收入1 360万元。

蟠龙新型农民合作联合社从资金信用互助、发展培育经营主体、提升农民致富技能三方面着手，降低社员的资金使用成本，帮助社员解决后顾之忧。德阳罗江区盛产青花椒，而青花椒具有速生早实、适应性强、管理较简单、经济效益高等特点，加之花椒种植面积逐年递增，导致青花椒的收购价格出现大幅度下跌。农联社为保证椒农收入，与重庆企业签订订单合同，以缓解农民的压力。

除此之外，联合社还为农户提供技术指导服务、农资农机服务、基础设施投入、加工服务、产品销售服务等，目前涉及青花椒、贵妃枣、粮油、本地种养殖等多个农产品。蟠龙新型农民合作联合社将传统合作制的农民合作社和现代化管理的公司制企业结合起来，是一种股份合作制的新型经济组织，通过整合劳动、资本等各种要素，突出解决怎么种地、小农户与大市场如何衔接、服务环节松散怎么办、农业服务最后一公里谁来管等问题。

（案例来源：人民资讯网. 德阳罗江：蟠龙农联1596户社员喜获分红[OL]. https://baijiahao.baidu.com/s?id=1723114055775441735&wfr=spider&for=pc, 2022-01-27.）

三、知识链接

（一）影响农产品价格的因素

在现实农业生产中，当价格发生变动时，需求会立刻做出反应，而供给却不能立刻做出反应。如果某种农产品需求增加，价格上涨，生产者从市场上得到信息后需要一定的生产周期才能生产出产品。可见，生产者的供给与市场价格信号之间有一个时间差。影响农产品价格的因素主要如下：

（1）供需关系。农产品的价格是通过供求平衡关系决定的。一般而言，当供给大于需求时，价格会下跌，而当供不应求时，价格则会上涨。

（2）季节因素。随着农业种植的规模化、集中化发展，天气情况对于农业产量的影响越来越大。天气因素是人类当前的科技水平无法控制的，因此极端天气出现，势必会影响农产品价格。

（3）政府行为干预农产品价格。政府为保障国家粮食安全，在一定时期往往会制定一个比均衡价格高的支持价格来调动农民的种植积极性，以促进农业生产的发展。

（二）农产品的流通特点

农产品在生产上具有区域性、季节性、分散性，品质上具有易腐性。同时，农产品是人们的生活必需品，消费弹性较小。农产品的特性，使其在流通方面有着许多不同于其他产品的特性。

（1）流通过程具有很强的生产性。由于农产品有易腐的特性，在流通过程中必须采取一定的措施，才能保证农产品顺利、安全地进入消费领域。所以，农产品在储运过程中，往往需要特定的容器、场所和设备。这使农产品的流通比工业品的流通具有更强的生产性。

（2）农产品流通半径受到更大限制。由于农业生产存在区域性，但人们的需求却是多样的，所以需要在不同区域间进行贸易。然而农产品的易腐性决定了在其储运过程中，即便采取了保鲜等措施，仍会有一定比例的损耗，而且这个比例会随着时间加长和距离加大而迅速增加，造成流通成本迅速增加，从而限制了流通半径。

（3）农产品流通风险更大。第一，农产品生产和消费的分散性，使每个经营者都难于获得垄断地位，市场信息也更加分散，所以人们难以全面把握市场信息，决策的盲目性较大。第二，农业生产的季节性强，农产品上市时间难以在短时间内调整，短期供给弹性极小，导致市场价格波动大。第三，农产品的鲜活性使农产品为平抑市场价格在区域间和季节间进行调整更加困难。这些都使农产品流通领域具有更大的经营风险。

（三）农业经营风险的防范

在激烈的市场竞争中，农业是一个弱势产业，农民是一个弱势群体，为了降低生产成本，提高盈利水平，专业合作社形成联合社，借助外部交易规模的扩大，节约交易成本，提高其在市场竞争中的地位，使产品按合理价格销售。

1. 寻求与知名合作社的市场协同

风险管理手段中一项常用的方式便是签订合约，在农业风险管理中就体现为签订农业生产合约。签订合约的生产方式对农户来说具有很多优势，如减少市场风险、降低收入波动等。在合约生产模式下，农产品投放市场之前农户有可能会根据产品市场价格和违约成本进行选择，进而导致博弈不均衡的情形出现。

合作社通过市场协同可以实现低成本、高效益运作，从而降低风险。协同效应就是指合作社之间在生产、营销、管理等环节，从不同方面共同利用同一资源而产生的整体效应。市场协同的主要表现形式有品牌租用、品牌延伸、品牌扩展等。

2. 走可持续的发展道路

合作社的可持续发展就是既要考虑当前发展，又要考虑未来发展，不能以牺牲后期的利益为代价，换取现在的发展，满足眼前的利益。农业合作社的可持续发展表现为经营活动中若干生产要素的发展。许多经营合作社为了缩短技术的经济效益时段，以雇佣（租赁）的方式从其他地方借来技术，因忽视了技术的内化过程，产生了"水土不服"的应用风险。所以，对引进的技术应采取本土化措施规避技术风险。

3. 走多样化生产经营道路

多元化的发展战略措施是指充分利用生产和加工相关程度较低的农业和农副产品以分散风险。进行投资组合，达到在相同期望收益情形下组合风险最小或相同组合风险情形下期望收益最大的目标。

● C案例——联合共赢助生产，订单农业促产业转型升级：
　　农丰种植农民专业合作社联合社

一、基本情况

甘肃省庄浪县朱店农丰种植农民专业合作社联合社于2019年3月注册成立，成员由全镇21个村的种植业合作社、农机专业合作社、农资服务合作社构成，主要通过建基地、带农户和购销订单的方式与联合社建立利益联结机制。联合社采取"党支部+龙头企业+联合社+合作社+基地+农户"的模式，由龙头企业对接联合社、联合社对接合作社、合作社建基地带农户，开展全产业链合作。联合社通过搭建产业发展平台、社企对接延长产业链等方式，建立园区、培育良种、树立品牌，走出了马铃薯产业发展的新路径。

二、案例分析

庄浪县是甘肃省优质马铃薯主产区之一，但是面临着马铃薯种植面积下降、小农户种植收益不高等问题。为做大做强传统产业，庄浪县朱店镇依托县宏达淀粉加工有限公司，成立了庄浪县农丰种植农民专业合作社联合社，并与企业建立了长期合作机制。

联合社通过设立组织机构，订立章程、技术培训制度等一系列规章制度，实现规范运营，并且统一技术标准，统一原料采购，统一病虫害防治，通过吸纳农机合作社、农资供应合作社、运输储存合作社，为成员社提供产前、产中、产后全方位服务，降低生产经营成本。为抵御经营风险，联合社将成员社所有农户成员和联合社基地种植的马铃薯全部纳入政策性农业保险，如果遇到灾害发生可以按理赔标准获得赔付。

联合社通过社企对接延伸产业链条。龙头企业与市场签订薯产品需求订单、企业与联合社签订供货订单、联合社与合作社签订收购订单、合作社与农户签订生产订单。通过"五统一"服务和"四级订单"管理，联合社实行规模化、链条化的经营管理体系。联合社还与县农发公司合作，集中采购优质脱毒种薯，提供给农户集中连片种植，形成马铃薯产业基地，并组织成员社为农户提供农机作业服务。成员农户种植的商品薯全部通过联合社销售给宏达公司，由公司负责生产淀粉、粉条、蛋白等产品，并进行线上线下销售。

联合社实施订单农业方式。县农发公司和宏达公司负责对接市场、统一标准、提供订单；联合社负责对接种植合作社发展连片种养基地，并提供农资、农机、农技、加工、仓储等服务；种植合作社负责组织农户开展农业订单生产，形成了稳定增收、共担风险的利益共同体；企业依托联合社，与全县多个行政村的农民种植专业合作社签订了订单收购协议，每年带动户均增收1 100元以上。通过社企对接，联合社大力推进标准化生产，获得绿色食品产地认证，形成了提质增效的良好发展态势。

（案例来源：农业农村部合作经济指导司. 全国农民专业合作社典型案例（2022）[M]. 中国农业出版社，2023.）

三、知识链接

（一）订单农业风险分析

订单农业又称合同农业、契约农业，是近年来出现的一种新型农业生产经营模式，是指农户根据其本身或其所在的乡村组织同农产品的购买者之间签订的订单，组织安排农产品生产的一种农业产销模式。订单中规定的农产品收购数量、质量和最低保护价，使双方享有相应的权利、义务和约束力，不能单方面毁约。因为订单是在农产品种养前签订的，是一种期货贸易，所以也叫期货农业。订单履约会经历一个生产过程，双方都可能受到市场、自然和人为因素等影响，也有一定的风险性。

（1）价格风险是订单农业的主要风险。价格是订单的核心。在市场经济条件下，农产品价格起伏波动是在所难免的，而价格又直接决定生产、经营者的经济利益。订单农业的签约双方所依据的只是当时的局部市场状况，加之受自身决策能力的影响，因而订单所确定的价格并不具有代表性，结果便会出现：价格过低农户缺乏种植积极性，过高企业经营风险太大，在订单到期日，订单的某一方就有可能因市场条件的变化而遭受损失。同时，企业和农户的价格风险不会因为签了订单而消失或减弱，它只是在两者之间转移。也就是说，订单农业并没有从根本上回避价格风险。

（2）订单的履约率是订单农业是否成功的重要衡量指标。农业订单如不能兑现或履约率过低，不但发挥不出应有的作用，反而会进一步加剧农产品出售难的矛盾，损害当事人的利益，延缓农业结构调整的步伐，严重影响农民增收和农业发展。

在推行订单农业的过程中，农产品流通企业与签约的农户在生产前按约定价格签订收购合同。农民将其价格风险转移给了农产品流通企业，但作为订单农业的主要组织者的企业仍然承担着巨大的价格风险，这种风险主要来自订单价格是否合理，以及歉收后农产品价格的波动，仅仅依靠单一的现货市场，农产品企业就只能被动地承受市场价格波动所带来的巨大风险，这种风险极有可能转化为企业的巨额亏损。因此，就某种意义上说，订单农业并未让巨大的市场风险消失，而只是转移了风险主体。

（二）农业保险的特点

农业保险是指保险人为农业生产者在从事农业生产过程中，对遭受自然风险、市场风险或意外事故所造成的损失提供经济补偿的各种保险保障。

农业保险具有如下特点：

（1）农业保险涉及的范围广；

（2）农业保险受多重风险；

（3）农业保险经营投入大、赔付率高；

（4）农业保险展业难度大；

（5）农业保险是一种准公共物品，在直接消费上具有竞争性，其效用不可分割，受益排他，利益计算模糊。

（三）农业期货订单的定价

期货订单是指将订单农业与期货市场紧密结合，以期货市场的风险管理和市场引导机制来保障订单农业的组织功能、信用功能得以充分发挥，从而实现农业小生产与大市场的对接，提高农业生产的组织化程度和农产品流通效率，建立一种符合市场要求的农产品流通新模式。期货订单的定价方式如下：

（1）固定报价。对于风险承受能力较弱的农户（希望在播种时就能有理想价格、稳定渠道），龙头企业可以根据期货与现货市场情况，在春天播种季节与农户签订固定价格的收购订单，并在期货市场进行套保操作，秋天按照事先约定的价格收购农产品，实现稳定的收益。

（2）二次结算。对风险承受能力中等的农户（希望不仅能够获取稳定的市场保障，而且能够分享龙头企业稳健经营的收益），龙头企业可以采取"保底价订单、二次结算"的方式，在春天播种季节，根据期货与现货市场情况与农户签订价格相对较低的固定价格订单，同时约定若秋天价格上涨再按照一定比例进行二次结算。龙头企业在期货市场进行套期保值操作，若套期保值成功，获取超过春天价格的收益，对农户按约定比例进行分配。

（3）基差定价。对于风险承受能力较强的农户（在有稳定的市场渠道的基础上，愿意承受市场价格波动的风险，同时也希望获得市场价格上涨的收益），龙头企业可以参照国际贸易基差定价的方式，在春天播种季节，与农户只敲定订单结算价格与未来指定日期货价格的基差（包含企业利润、地区差价等综合因素）。具体确定期货价格的时间在规定区间内由农户指定。这样实际的结算价格就是"期货价格+基差"，龙头企业在签订订单时再利用期货市场进行套保，锁定自身的风险和收益，将价格波动风险转移。这样，不管期货市场价格如何变化，龙头企业都可以获取稳定的收益，而农户不仅预先确定了稳定的市场渠道，而且可以自主地决定价格，在市场较为有利的情况下获得更多的收益。

拓展资源

一、推荐书目

[1] 李锦顺，等. 农村合作社运营与发展[M]. 华龄出版社，2022.

[2] 郭红东，等. 中国农民专业合作社调查[M]. 浙江大学出版社，2010.

[3] 柳岩. 农民合作社扶持政策与制度研究：基于120家合作社调查[M]. 中国发展出版社，2016.

[4] 李瑞芬. 农民专业合作社工作手册[M]. 金盾出版社，2013.

[5] 李中华. 专业合作社实务[M]. 社会科学文献出版社，2009.

[6] 张晓山，苑鹏. 合作经济理论与中国农民合作社的实践[M]. 首都经济贸易大学出版社，2009.

[7] 扶玉枝. 农民合作社效率评价：理论、方法与运用[M]. 浙江大学出版社，2014.

[8] 农业部管理干部学院，中国农村合作经济管理学会. 农民合作社典型案例评析[M]. 中国农业出版社，2019.

[9] 董进才. 农民合作社与新型农村社区治理[M]. 经济管理出版社，2021.

[10] 刘宇翔. 农民合作社发展模式研究[M]. 中国财政经济出版社，2019.

[11] 张正一，杨光丽. 农民专业合作社经营与管理[M]. 中国农业科学技术出版社，2015.

二、推荐链接

[1] 农业农村部. 农业农村部办公厅关于印发《推进生态农场建设的指导意见》的通知[OB/DL]. https://www.gov.cn/zhengce/zhengceku/2022-02/10/content_5672847.htm，2022.

[2] 国务院. 国务院关于印发"十四五"推进农业农村现代化规划的通知[OB/DL]. https://www.gov.cn/zhengce/content/2022-02/11/content_5673082.htm，2022.

[3] 农业农村部. 农业农村部办公厅关于开展"千员带万社"行动的通知[OB/DL]. http://www.moa.gov.cn/govpublic/NCJJTZ/202304/t20230403_6424641.htm，2023.

[4] 农业农村部. 农业农村部办公厅关于印发《新型农业经营主体辅导员工作规程》的通知[OB/DL]. http://www.moa.gov.cn/govpublic/NCJJTZ/202205/t20220512_6398996.htm，2022.

[5] 农业农村部等. 关于印发《农村土地经营权出租合同（示范文本）》和《农村土地经营权入股合同（示范文本）》的通知[OB/DL]. http://www.moa.gov.cn/govpublic/zcggs/202109/t20210928_6378541.htm，2022.

[6] 财政部等. 关于印发《农民专业合作社财务制度》的通知[OB/DL]. https://www.gov.cn/zhengce/zhengceku/2022-08/01/content_5703799.htm, 2022.

[7] 农业农村部办公厅. 农业农村部办公厅关于开展 2021 年农民合作社质量提升整县推进试点工作的通知[OB/DL]. https://www.gov.cn/zhengce/zhengceku/2021-03/08/content_5591475.htm, 2021.

[8] 农业农村部办公厅. 农业农村部办公厅关于印发《农业品牌精品培育计划（2022—2025 年）》的通知[OB/DL]. http://www.zgnmhzs.cn/tzgg/202206/t20220615_7863268.htm, 2022.

[9] 农业农村部科技教育司. 构建绿色技术体系 支撑农业绿色发展——《农业绿色发展技术导则（2018—2030 年）》解读[OB/DL]. http://www.moa.gov.cn/gk/zcjd/201904/t20190418_6184810.htm, 2018.

[10] 四川省农业农村厅. 《四川省农民合作社省级示范社评定及监测办法》政策解读[OB/DL]. http://nynct.sc.gov.cn/nynct/c100667/2021/7/7/7cc0ca4c7392436ca689e785f2f717b5.shtml, 2021.

项目三 农业社会化服务组织经营管理

项目目标

通过知识学习，掌握农业社会化服务组织的基本内涵和特征，了解农业社会化服务组织发展现状及未来发展趋势。

通过案例学习，了解农业生产技术服务、农业生产服务、农产品流通服务和农村社区服务等不同农业社会化服务组织模式的经营理念，掌握农业社会化服务组织经营管理的知识，学习农业社会化服务组织典型经验，增强建设好农业社会化服务组织的信心，不断提升农业社会化服务组织经营管理水平。

项目导读

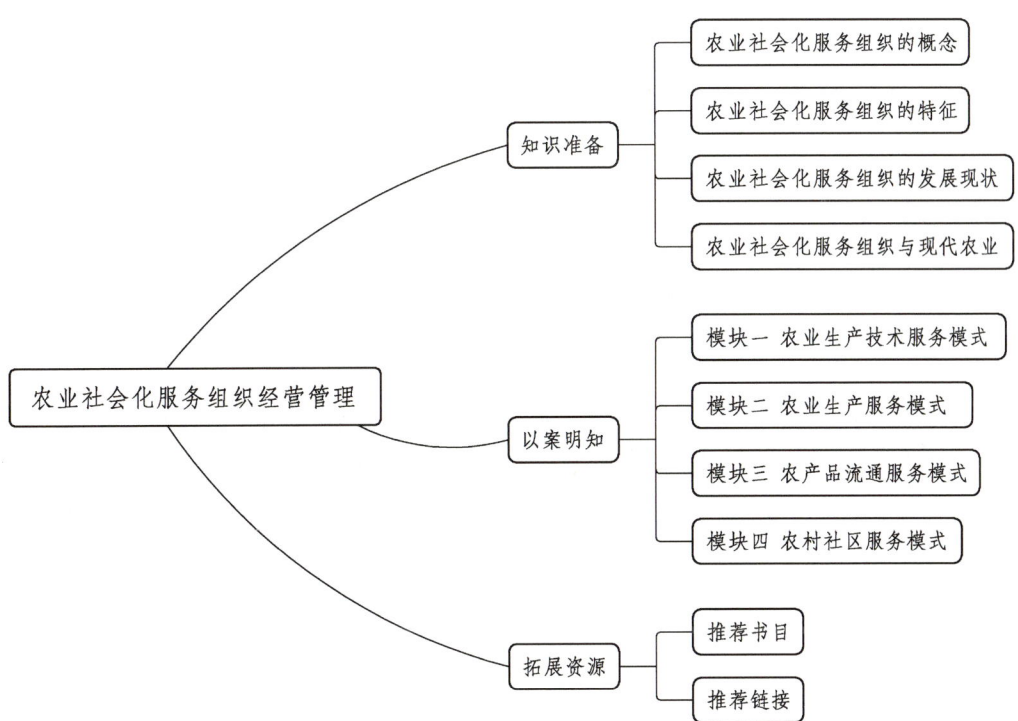

知识准备

一、农业社会化服务组织的概念

农业社会化服务组织是指农业生产中由政府、农民专业合作社、农业企业等组织主导成立的,以为农民提供各种农业技术推广、农业科技服务、农业机械化服务、农产品加工与销售等一系列农业生产服务为主要职能的组织形式。

农业社会化服务组织的主要职能是提供专业化、规模化的农业服务,帮助农民提高农业生产效益,增加农民的收入。它以市场为导向,通过整合资源,提供全方位的农业生产服务。具体来说,农业社会化服务组织可以提供以下几个方面的服务:

(一)农业技术推广

组织专业的农业技术人员,向农民讲授先进的农业技术和管理知识,包括农作物种植技术、养殖技术、农药、肥料等的合理使用方法,帮助农民提高土地利用效率和作物品质。

(二)农业科技服务

建设农业科技示范基地、设立农业科技培训中心等,开展农业科研与科技推广活动,推动新品种、新技术的推广和应用,帮助农民实现农业生产规模化、标准化、现代化。

(三)农业机械化服务

提供农业机械设备的租赁和维修服务,帮助农民实现农业机械化生产,提高生产效率和劳动力利用率。

(四)农产品加工与销售

建立农产品加工厂、农产品采购站等,帮助农民将农产品加工成深加工产品,提高产品附加值,同时提供销售渠道,帮助农民将产品推向市场。

(五)农村社区服务

农村社区服务是指在政府的福利政策和公共财政扶持下,在社会资源支持帮助下,依靠农村社区居民的组织参与,动员农村社区内在的资源力量,向农村社区居民提供的各种服务活动。

农业社会化服务组织的成立有利于推动农业现代化发展,促进农民专业合作社的发展,提高农业生产的科学化、规模化、集约化水平。通过农业社会化服务组织的服务，农民可以获得更好的农业技术支持和服务保障，有效提高农产品的质量和市场竞争力，实现农民持续增收与农业可持续发展。

二、农业社会化服务组织的特征

（一）专业化服务

农业社会化服务组织聚焦于为农民提供专业化的农业服务。它们拥有专业的技术人员和管理团队，能够提供农业生产技术、科技推广、机械化服务、加工销售等多种专业化服务，满足农民的不同需求。

（二）规模化运作

农业社会化服务组织通常以规模化运作为目标，通过整合资源和优势，实现农业生产的规模化管理和经营。它们通过规模化生产和服务模式，提高效益和竞争力，更好地满足市场需求。

（三）市场导向

农业社会化服务组织以市场为导向，以市场需求为基础，通过提供专业化的农业服务，帮助农民提高农产品的质量和市场竞争力。它们与市场紧密结合，通过定向、差异化的服务来满足市场需求，实现农产品的高附加值和高效益。

（四）组织协作

农业社会化服务组织通常以协作合作的方式运作，与政府、农民专业合作社、农业企业等相互配合，互补优势，共同推动农业生产发展。它们通过建立合作关系，共享资源，实现资源的最优配置，提高服务效能。

（五）社会效益导向

农业社会化服务组织注重实现农业生产的社会效益。它们的宗旨是为农民提供有效的农业服务，促进农民增收致富，推动农业现代化发展，实现农业的可持续发展。同时，它们也致力于农村经济和社会的发展，推动农村产业升级和农民就业增加。

总而言之，农业社会化服务组织具有专业化、规模化、市场导向、组织协作和社会效益导向等特征。它们通过提供专业化、规模化的农业服务，推动农业现代化发展，帮助农民提高农业生产效益和收入水平，促进农村经济的繁荣和农村社会的进步。

三、农业社会化服务组织的发展现状

（一）世界范围农业社会化服务组织的发展现状

农业社会化服务组织的发展在不同国家和地区有不同的现状。

1. 发达国家

在发达国家，农业社会化服务组织发展较早且较成熟。这些组织往往由农民、农业企业和政府等多方合作组成，提供全方位的农业服务。它们通过技术研发、农业咨询、供应链管理等手段，帮助农民改善生产方式、提高生产效益，并致力于实现农业可持续发展、保护环境等目标。

2. 发展中国家

一些发展中国家的农业社会化服务组织发展相对滞后。由于资金、技术和管理等方面的限制，这些组织在提供农业服务方面面临着一定的困难。然而，这些国家的政府和国际组织正致力于促进农业社会化服务组织的发展，通过技术援助、资金支持和合作交流等途径，加强组织能力和服务水平，助推农业生产现代化和农民收入增加。

总体而言，农业社会化服务组织在全球范围内的发展呈现出多样化的状态。虽然在发达国家的发展较为成熟，但在一些发展中国家仍然需要加大支持力度，以推动农业现代化、农民增收和农村经济的发展。随着科技进步和全球农业合作的加强，未来农业社会化服务组织有望在提供专业化服务、整合资源、推动农业转型升级等方面发挥更大的作用。

（二）我国农业社会化服务组织的发展现状

我国农业社会化服务组织的发展是逐步壮大和完善的。随着我国农业生产方式的转变和农村经济结构的调整，农业社会化服务组织得到了更多的关注和支持。

在我国，农业社会化服务组织主要包括农村合作社、农民专业合作社、农业龙头企业等。这些组织通过发展农业科技服务、农资供应、农产品销售等业务，为农民提供更加便捷、高效的农业生产服务。

目前，我国农业社会化服务组织的数量不断增加，规模逐渐扩大。政府对农业社会化服务组织的支持政策也逐步完善，包括财政补贴、税收优惠等。在这些政策的推动下，农业社会化服务组织得到了更多的资金和技术支持，组织的服务能力和水平也进一步提高了。

同时，农业社会化服务组织也面临着一些挑战和问题。例如，组织之间的竞争激烈，规模较小的组织面临着市场压力；组织内部经营管理能力不足，服务质量参差不齐；与农民的利益诉求存在不一致等。针对这些问题，政府和相关部门正在加大支持力度，加强监管和规范，推动农业社会化服务组织健康发展。

总的来说，我国农业社会化服务组织的发展是积极向好的。随着政策的支持和市场的需求，农业社会化服务组织将继续发挥重要作用，推动我国农业现代化进程。

四、农业社会化服务组织与现代农业

农业社会化服务组织与现代农业之间存在着密切的联系和互动。

（一）提供专业化服务

农业社会化服务组织在现代农业中扮演着提供专业化服务的角色。它们通过提供农业技术咨询、农资供应、种植技术培训等服务，帮助农民采用现代农业技术和管理方法，提高农业生产效率和产品质量。

（二）促进农业产业链的协调发展

农业社会化服务组织在现代农业中扮演着农产品产销对接的角色。它们通过整合生产要素和市场资源，协调农产品生产与销售，搭建起农产品供应链和价值链，提供从种植、养殖到加工、销售的一体化服务，旨在提高农产品的市场竞争力和降低流通成本。

（三）促进农民收入增加

农业社会化服务组织的发展推动了现代农业的规模化经营和农民专业化生产。农民通过参与农业社会化服务组织，能够获得更多的专业技术支持和市场信息，提高农产品质量和增加产量，进而增加自身的收入水平。

（四）推动农业科技创新

农业社会化服务组织在现代农业中扮演着推动农业科技创新的角色。它们积极引进新的农业技术和科研成果，推广应用新品种、新技术和新管理模式，促进农业生产的技术进步和提质增效。

总的来说，农业社会化服务组织是现代农业发展的重要支撑和推动力量。通过提供专业化服务、协调产销对接、促进农民收入增加和推动农业科技创新，农业社会化服务组织与现代农业密切相连，共同推动农业的可持续发展。

以案明知

模块一　农业技术服务模式

- **A 案例——马铃薯种植全程托管，助力农户丰产增收：溥丰达庄稼医院农业技术服务有限公司**

一、基本情况

陕西省定边县溥丰达庄稼医院农业技术服务有限公司成立于 2014 年，位于陕西省西北角榆林市最西端的中国马铃薯特产之乡定边县，是一家为土地、庄稼看病治病的农技服务公司，致力于提供马铃薯种植上、中、下游全程托管服务。公司以提升马铃薯生产品质为目标，以先进生产技术、设备等为载体，以提供优良的技术服务为核心，帮助农户提高马铃薯种植的生产效率，在服务成本、服务规模和服务成效上实现了两降低（化肥、农药的使用量降低）、三扩大（农户对大田托管、新技术、新成果的需求扩大）、四提高（农户经济效益、劳动生产率、机械化生产效率、农机户效益提高）。公司现有技术人员12名，均为相关专业的高校毕业生，拥有庄稼医院1家，内设病虫害鉴定实验室、土壤化验实验室，拥有化肥直供超市1家，搭建了从实验室到田间地头的服务桥梁，下辖1个马铃薯全程技术托管团队和1支由5架无人机组成的飞防队伍，成立至今，累计托管服务面积超过66.67平方千米。

二、案例分析

（一）利用托管面积优势，降低农户生产成本

目前，公司总入托农户数达276户，带动全县参加公司托管的农户数达1587户，托管面积达14.2平方千米，带动全县托管总面积66.67平方千米。公司利用每年进行马铃薯托管种植服务面积的数量优势，联合有需求的农户与全国排名靠前的生产企业对接，进行价格谈判，在保证不进行二次销售的情况下，以厂家代理价格购进农资，使农户的亩均农资投入降低约25%。

（二）以种植技术为核心，提供全程解决方案

公司通过与种植企业、合作社、家庭农场等新型经营主体以及小农户签订技术托管服务协议，在以出厂价提供农资的基础上，为农户开展产前、产中、产后全程技术托管服务。产前，公司对农田土壤、灌溉水采样化验，采用配方施肥为作物配置均衡营养，提高肥料利用率，减少化肥施用量，降低生产成本；技术人员严格按照库藏马铃薯种薯的国家标准到种薯库对种薯进行检测，确保农户购买的种薯质量，降低病害发生率和种植风险；技术人员针对农户开展技术培训，如提高种植效率以及种植区域常见病虫害的防治方法等。产中，在切薯环节，技术人员实地对切刀消毒、切薯大小、杀菌粉配比等进行全程指导，保证种植安全；在播种环节，根据品种特点及种植环境，指导调试机械，为高产创造条件；在田间管理环节，对小基地采取每周一次、大型基地每周三次田间实地考察，根据马铃薯的生长情况合理灌溉，调整施肥量，尽早发现病虫害，及时进行无人机飞防，避免更大损失；在收获环节，进行田间测产、商品率计算，按照市场需求、地块品种及其商品性综合研判，进行商品划分和分装，使商业效益最大化。产后，公司与全国知名的马铃薯销售经理人建立长期合作关系，将托管农户种植的优质马铃薯通过经理人以高价推销到全国各地。

（三）创新管理模式，保障农户大田托管成效

公司对托管的马铃薯，实施种植前测土配方和后续田间管理，有效降低了化肥和农药的使用量，实现了"减量增效"；运用标准化种植技术，实现亩产种薯4680千克，

较农户自种地每亩增产1 500千克左右，每亩增收1 600元以上，经济效益显著提高；引进水肥一体化技术，亩均劳动力投入比托管前下降一半，劳动生产率成倍提高；引进农业机械，机械化生产效率提高40%左右，农机户效益增加30%以上。因种植效益增加，通过示范带动，让农户对马铃薯大田托管的需求不断增加。当地马铃薯托管面积从最初的2.13平方千米发展到现在的14.2平方千米，带动全县托管总面积达66.67平方千米。滴灌、水肥一体化等标准化种植新技术的运用使所得效益显著增加，进而使托管农民对新技术、新成果的需求不断扩大。更重要的是，还增加了年轻农民从事农业的积极性，有效改善了当地农业生产老龄化的趋势。

（案例来源：农业农村部合作经济指导司. 全国农业社会化服务典型案例（2022）[OL].）

三、知识链接

（一）农业生产托管

农业生产托管是农户等经营主体在不流转土地经营权的条件下，将农业生产中的耕、种、防、收等全部或部分作业环节委托给农业生产性服务组织完成的农业经营方式。农业生产性服务是指贯穿于农业生产作业产业链，直接完成或协助完成农业产前、产中、产后各环节作业的社会化服务。农业生产托管是农业生产性服务直接服务农户和农业生产最具时代意义的方式，是农业生产性服务业联接小农户的有效机制，是服务规模经营的主要形式。

（二）农业技术服务

农业技术服务包括：①农业常规技术的普及和农业新技术、新品种的引进、试验、示范、培训和推广，农作物病虫害及灾情的预测预报和处置，农产品生产过程中的质量安全监测，农业信息服务与农民的技术培训等；②农机公益性服务，包括农机新技术、新机具推广和培训，农机安全监督管理和教育，农机统计等；③其他农业公益性服务。

（三）水肥一体化技术

水肥一体化技术是指灌溉与施肥融为一体的农业新技术。水肥一体化是借助压力系统（或地形自然落差），将可溶性固体或液体肥料，按土壤养分含量和作物种类的需肥规律和特点，配兑成的肥液与灌溉水一起，通过可控管道系统供水、供肥，使水肥相融后，通过管道和滴头形成滴灌，均匀、定时、定量浸润作物根系发育生长区域，使主要根系土壤始终保持疏松和适宜的含水量；同时根据不同作物的需肥特点，土壤环境和养分含量状况，作物不同生长期需水、需肥规律情况进行不同生育期的需求设计，把水分、养分定时定量，按比例直接提供给作物。

● B案例——农业技术托管高标准生产，助力小农户大增收：雷丰芒果农民专业合作社

一、基本情况

海南雷丰芒果农民专业合作社（以下简称"雷丰合作社"）成立于2007年10月，示范基地分布在英州镇区，社员合计111名，合计芒果种植面积6.24平方千米，主要品种为台农、金煌。雷丰合作社成立了集科研、生产、推广、服务于一体的农业技术服务专业团队，与有关科研机构合作，在全省芒果产区建立18个驻点服务站、120个芒果监测点，为芒果全过程标准化种植管理提供技术托管服务。建社10多年来，合作社以带动小农户发展芒果产业和脱贫致富为主攻方向，以提供芒果标准化种植技术服务为主要内容，以提高产品品质、打造海南芒果品牌为重点目标，以规模化布局、标准化生产、市场化营销的现代农业发展模式，构建了完整的芒果绿色种植服务体系。在全省设立分社4家，农业标准技术服务部17处；为了更好地推进一、二、三产业融合发展，投资6 000多万元，建设农民文化技能学校、雷丰农业研究所（实验室）与互联网农产品营销中心，推动数字农业发展，在线下线上展示品牌、展销产品，发掘潜在客户，提高市场占有率，提升质量品牌价值。

二、案例分析

（一）为给农户提供标准化服务，不断提升农业种植技术水平

合作社完成了芒果生产标准化推广体系建设和芒果生产流程分析图编制工作，多种形式进行标准化生产宣传培训和依标管控工作。拥有自主知识产权的芒果生产新方法发明专利1项，芒果生产技术著作版权4项，海南省质监局归口授权发布的芒果生产企业标准17项，产品追溯制度5项，并连续10年通过全球良好农业操作规范（Global GAP）、绿色食品认证。合作社承担了农业农村部芒果标准化示范园、国家芒果生产标准化示范区、海南省现代农业产业园建设项目，建有农民文化技能学校、袁隆平院士实验站、农业研究所（实验室）等，为芒果种植户提供全产业链技术托管服务。采用合作社提供的以营养控制、质量管控等为主要内容的芒果标准化生产技术，可减少化肥用量30%以上，减少农药用量40%以上，提升产品价值30%~50%，在实现农民增收的同时，有效防治面源污染，保护自然生态环境。

（二）为给农户提供全面服务，不断构建线上线下社会化服务平台

一方面，合作社通过抖音、微信视频号、钉钉管理系统等自媒体，建立线上信息化推广服务网络平台，不断向小农户推广芒果标准化生产技术。另一方面，服务团队通过制订芒果全生育期营养方案，让技术人员每隔7~10天深入农户的田间地头，对

芒果的生长过程、气候状况、用药、用肥等数据，采用图文记录存档等方式，全程指导芒果生产，在全省设立分社 4 家、标准化技术服务站 20 处，健全线下服务平台。

（三）为带动周边农户共同发展，结合实际不断创新多种服务模式

一是"整村推进"模式（以东方市为例）。合作社与东方市下辖的新明村和旧村签订芒果生产技术服务和购销协议，整村开展技术指导，提高芒果品质，实现年产值 1 000 多万元，同比增收 30%～50%。二是"社员三统一"模式（以陵水县为例）。整合社员及帮扶户芒果种植地块共 0.974 平方千米，采取"统一标准，统一农资，统一销售"模式，全程跟踪指导、图文记录可追溯，达到"三统一"的管理目标，实现产能增加。三是"社社联合"模式（以乐东县为例）。为降本、增产、提质，合作社与乐东乐福果业合作社合作，对乐福合作社 700 余名社员的 8.53 平方千米芒果地提供技术指导服务。四是"合作社+农户"模式（以三亚市为例）。对该市 1 000 多户约 10 平方千米芒果地提供技术指导服务，并预先提供生产资料，商超对接销售产品，起到帮扶、增效、促销的作用。雷丰合作社创立了以上多种服务模式，累计服务农户超 1.5 万户，年服务芒果面积达 20 平方千米，辐射带动超 66.67 平方千米果地，推动了农户芒果标准化生产和规模化经营。

（案例来源：农业农村部合作经济指导司. 全国农业社会化服务典型案例（2021）[OL].）

三、知识链接

（一）农业面源污染

农业面源污染是指农业生产过程中由于化肥、农药、地膜等化学投入品不合理使用，以及畜禽水产养殖废弃物、农作物秸秆等处理不及时或不恰当，所产生的氮、磷、有机质等营养物质，在降雨和地形的共同驱动下，以地表、地下径流和土壤侵蚀为载体，在土壤中过量累积或进入受纳水体，对生态环境造成的污染。

（二）GLOBAL GAP 认证

GLOBAL GAP 认证又称全球良好农业操作认证，是在全球市场范围内作为良好农业操作规范的主要参考而建立的。GLOBAL GAP 认证将消费者对于农产品的需求转化到农业种植中，并迅速在很多国家被认可。GLOBAL GAP 认证标准涵盖了对所认证的产品从种植到收获的全过程。

（三）GGN 标签

GGN 标签是 GLOBAL GAP 展示给消费者的标签，通过与具有 GLOBAL GAP 认证的供应链成员的唯一 13 位数字来链接。当消费者在其产品上找到 GGN 或 COC 编号时，可以通过 GGN 门户查找到相应农场或企业的信息。

- **C 案例——创新农业科技服务模式，助力农业全产业链转型升级：中化农业岐山技术服务中心**

一、基本情况

中化现代农业岐山技术服务中心（以下简称"MAP 岐山中心"）成立于 2019 年，坐落于陕西省宝鸡市岐山县故郡镇鲁班桥粮食储备库，占地面积 2.1 万平方米，是中国领先的农业投入品和农业服务一体化运营公司。中心充分应用生物技术、信息技术、种植技术等现代农业科技，构建连接"消费升级"与"专业生产"的桥梁，不断提高农业种植的专业化、标准化、智慧化、市场化水平，帮助农民增收、产业增效，让消费者得到实惠。

MAP 岐山中心具备土壤检测、农残检测、转基因检测、农产品重金属检测等检测功能的综合性粮油、土壤检测实验室 1 个。中心现有工作人员 12 人，其中生产农艺师 1 人，推广服务农艺师 9 人，服务区域涉及岐山县、凤翔区、扶风县、千阳、陇县、麟游等，服务作物以玉米、小麦、马铃薯等大田规模作物为主。MAP 岐山中心成立以来，已累计召开农民农技培训线上、线下会议 140 余场，累计培训农户 2 000 余人次，累计提供社会化服务面积 61.33 平方千米，其中岐山 41.33 平方千米，其他地区 20 平方千米，累计服务种植大户、合作社 470 余户，帮助农民提高综合收益超过 15%，实现粮食增产超过 4 000 吨，带动农户增收超过 900 万元。截至 2022 年年底，累计服务面积达到 76.67 平方千米。

二、案例分析

（一）构建线上线下综合服务模式，为农户提供从种到销的全程解决方案

MAP 岐山中心一方面开发 MAP 智农大数据平台（即现代农业技术服务平台），免费为农户提供遥感、精准气象、长势分析、土壤含水量、积温积雨、病虫害识别等农业技术服务。另一方面推广"农资+科技+金融+产量险"服务模式，线下为农户提供种、肥、药、机、金融支持全程解决方案，助力农户提升产品品质。

MAP 岐山中心目前已在雍川镇四崖头村建设了包含品种筛选、农机农艺、植物营养、植物保护、品质提升和高产示范的"5+1"功能示范样板田，开展作物品种、肥料配方、植保方案、管理措施等技术集成试验，两年验证成功并确保达到降本增效后，才会纳入全程解决方案，向广大农户大面积推广。现已在岐山设立小麦、玉米品种对比试验 36 个和 55 个，规范 MAP 示范农场 14 个，积累了一批试验数据和技术方案。每年为所服务的农户筛选适合当地气候特点的小麦、玉米品种 3~5 个，以规避种植风险。

（二）构建服务联合体，开展农业托管服务规模化

MAP 岐山中心以科技化、数字化、智能化的方式，改变传统种植管理方式，通过

耕地、播种、植保、收获等农机环节及MAP优质的农资投入品，与粮食种植、农机服务等合作社组成服务联合体，并采用在作业前农机手集中培训、作业前代收作业费、作业中跟踪指导、作业后三方签署农机作业确认书并付款的具体合作方式，打消了合作双方的顾虑，实现了农业生产托管服务规模化，不仅降低了作业成本、达到了作业效果，还取得了丰厚收益，实现了"三赢"。

（三）联合带动各类服务主体，实现多方共赢

MAP岐山中心筛选产业链上各类优质主体，成立MAP乡村服务站，集中技术、产品、人才、装备等资源，联合村集体组织、新型农业经营主体，组织农户采用统一品种、统一种植、统一营养、统一植保、统一收获"五统一"模式，开展社会化服务生产，帮助农户降低经营成本、提升产品品质，帮助下游企业获得数量充足、质量均一、供应稳定的农产品，实现多方共赢。目前，MAP岐山服务中心在岐山扶持发展115家新型农业经营主体，其中12家申请成为MAP乡村服务站，已服务周边农户小麦2.8平方千米，玉米1.33平方千米。

（四）以订单农业为突破，延伸产后服务链条

中心以消费者和深加工企业对粮食品质的需求为导向，针对匹配消费市场对品种、品质的需求，采用"企业+农户"订单农业的方式，引导种植户提升农产品品质，增加农户收益，带动产业升级。2022年6月，MAP岐山中心推广的小麦品种伟隆169在各收粮企业处均实现每千克加价0.02～0.025元的溢价能力，每亩增收40～50元，完成优质小麦溢价收购2 270吨，使农户增收22.7万元。

（案例来源：宝鸡农业农村. 宝鸡市农业社会化服务典型案例（五）[OL]. https://mp.weixin.qq.com/s/y3ymh2SqZsTCpLvqWv9CxQ, 2023-07-25.）

三、知识链接

（一）智农大数据平台（MAP）

智农大数据平台即现代农业技术服务平台MAP（Modern Agriculture Platform），定位于"农业价值链共创和共享平台"，在消费升级与新型农民之间搭建起桥梁，为广大种植者和食品价值链合作伙伴提供线上线下相结合、涵盖农业生产销售全过程的全产业链服务。

（二）农业技术服务中心的作用

1. 技术培训和指导

农业技术服务中心可以组织培训课程、研讨会和现场指导，向农民和农业从业者传授先进的农业技术知识和技能，旨在提高农民的专业水平和农业生产效率。

2. 技术推广和示范

农业技术服务中心可以将新的农业技术和最佳实践推广给农民，可以建立示范农田，展示新技术的效果，并向农民提供指导，以便农民在自己的农田中采用这些技术。

3. 农业信息和咨询服务

农业技术服务中心可以收集、整理和提供农业相关的信息和数据，包括市场信息、气象信息、农业政策等。他们可以向农民提供咨询服务，帮助农民做出决策并优化生产计划。

综上，农业技术服务中心可以提供专业的技术支持和服务，帮助农民提高农业生产的效率和质量，推动农业的高质量发展。

（三）土壤检测

土壤检测在现代农业生产中是一项很重要的工作，通过土壤检测可以知道土壤的墒情、养分含量、酸碱度、污染情况等与土壤品质相关的数据。

1. 土壤墒情检测

土壤墒情是表示土壤水分含量的数据。土壤墒情检测，可以知道水分含量情况，进而根据检测数据实施科学灌溉，保证作物不会因为水分情况（过多或缺失）而影响产量或品质。

2. 土壤养分检测

土壤中的养分是植物生长的必需品，养分过少或者过多都会影响作物的生长发育，合理的土壤养分含量对作物的生长至关重要。土壤养分检测可以指导施肥工作。

3. 土壤污染物检测

土壤污染物检测可以判断出一片土壤的污染情况，如重金属（铅、砷、镉、铬、汞、镍、钴、钒、铊、锑、铍）、农药残留及其他有机污染物（有机氯农药、有机磷农药、氨基甲酸酯类农药、多环芳烃、酚类化合物、硝基苯类化合物、苯胺类化合物、邻苯二甲酸之类等）。一般情况下，土壤中的污染物超标都是因为工业污染和农药滥用引起的残留。一旦农作物吸收重金属或农药残留并被食用，这会在很大程度上危害人体健康。

4. 土壤肥力指标检测

土壤肥力指标检测主要检测土壤中的有机质、全氮、全磷、全钾、硝态氮、铵态氮、有效磷、速效钾、缓效钾、中量元素（钙、镁、硫、硅）、微量元素（铜、铁、锰、锌、硼、钼）。

5. 土壤其他指标检测

土壤其他指标检测主要检测土壤中的pH、氯离子、磷酸根、水溶性盐、阳离子交换量、氟化物等。

模块二　农业生产服务模式

● A 案例——土地入社托管，粮食生产稳产增收：杨柳土地承包经营权股份合作社

一、基本情况

杨柳土地承包经营权股份合作社位于成都市崇州市，成立于 2010 年，它是崇州第一个土地股份合作社，也是全国首个完全以土地承包经营权入股并工商注册的农民合作社。目前入社农户 1 500 多户，入社面积 2.6 平方千米。2021 年服务面积达 14.33 平方千米，年经营收入达 1 000 余万元。2021 年年底，入社农户每亩分红 782 元，推动社员乡亲稳定增收。合作社累计帮扶建档立卡贫困人员 6 名，每年向建档立卡贫困户支付劳动报酬近 10 万元。

二、案例分析

传统的合作社，虽然把农民联合起来，但是完全实行民主管理、民主决策、按股分配，无法充分发挥生产经营能力的作用。本案例中的合作社在充分尊重社员意见的前提下，引入职业经理人机制，充分发挥了能人的作用。由合作社理事会提出"种什么"以及生产经营具体方案，交成员大会讨论决定，让成员充分参与生产经营决策。农业职业经理人根据理事会做出的种植品种、发展项目决策，提出"怎么种"实施意见、生产成本预算、产量指标等，理事会和监事会负责监督种田的过程。在生产过程中，合作社推行标准化生产，实现了种子、农药、肥料的三统购和机播、机耕、机插秧、机防、机收的全程机械化，调动了小农户参与合作经营的积极性，切实增加了农民收入，每亩降低成本 200 余元。

农业的科技创新和技术推广是促进粮食稳产增产的根本出路。合作社立足科技赋能，坚持向科技要产量、要效益，增强了农产品的供给保障能力。通过运用测土配方施肥、绿色防控、高产强化栽培等先进农业技术，推进粮食规模化生产，并为周边农户提供相关技术服务。为切实降低生产风险，合作社还购买了农业政策性保险，覆盖率为 100%，构建了合作社农业生产的风险防控保障体系，确保了粮食质量，提高了粮食产量。

同时，合作社还成立了杨柳粮食烘储专业合作社和志全农机专业合作社，延伸产业链条，坚持粮食规模种植、稻渔综合种养、粮油烘干仓储、大米加工销售全产业链发展，建成日处理能力达 200 吨、储备粮食 2 000 吨的烘储中心，开展粮食烘干仓储和粮食收储服务。建成日加工能力 10 吨的精米加工生产线，实现水稻加工增值增收。开展稻渔综合种养 0.147 平方千米，实现稻渔共生增收，构建了种养循环生态系统，实现农业废弃物的无害化处理和资源化利用，拓展了农产品的价值。

合作社本着经营收益多方共享、分配方式灵活多样的原则，完善利益联结机制，入社成员按入社股份、约定比例分红，经营纯收入按 1∶2∶7 比例分配，即 10% 作为公积金、风险金和工作经费，20% 作为职业经理人分红收入，70% 用于土地入股分红，保障成员入股收益。小农户与新型农业经营主体利益联系更加紧密，实现了农民稳定增收，职业经理人创业增收，形成发展合力，促进合作社高效持续发展。合作社还为周边土地股份合作社提供农业社会化服务，带动共同发展，保障了粮食稳定增产。

（案例来源：罗加勇，杨成伦. 崇州市杨柳土地股份合作社提高农民组织化水平的实践[OL]. 中国农民合作社期刊，https://baijiahao.baidu.com/s?id=17091751490150140 75&wfr=spider&for= pc, 2021-08-27.）

三、知识链接

（一）测土配方施肥

以土壤测试和肥料田间试验为基础，根据作物需肥规律、土壤供肥性能和肥料效应，在合理施用有机肥料的基础上，提出氮、磷、钾及中、微量元素等肥料的施用数量、施肥时期和施用方法。通俗地讲，就是在农业科技人员的指导下科学施用配方肥。测土配方施肥技术的核心是调节和解决作物需肥与土壤供肥之间的矛盾。同时有针对性地补充作物所需的营养元素，作物缺什么元素就补充什么元素，需要多少就补多少，实现各种养分平衡供应，满足作物的需要；达到提高肥料利用率和减少用量，提高作物产量，改善农产品品质，省劳力，节支增收的目的。

测土配方施肥就是国际上通称的平衡施肥，是联合国在全世界推行的先进农业技术。概括来说，一是测土，取土样测定土壤养分含量；二是配方，经过对土壤的养分诊断，按照庄稼需要的营养"开出药方、按方配药"；三是合理施肥，就是在农业科技人员的指导下科学施用配方肥。

（二）绿色防控

绿色防控是指以确保农业生产、农产品质量和生态环境安全为目标，以减少化学农药使用为目的，优先采取生态调控、生物防治、物理防治和科学用药等环境友好型技术措施控制农作物病虫危害的行为。

绿色防控的常用技术主要包括：① 农业防治技术，包括培育健康土壤生态环境、选用抗性或耐性品种、种苗处理（晒种浸种包衣嫁接）、平衡施肥、合理田间管理。② "四诱"技术，包括采用灯诱（杀虫灯）、性诱（性信息素）、色诱（粘虫板）、食诱（气味剂）等诱集并消灭害虫的理化诱控技术。③ 生物防治，包括利用寄生性、捕食性天敌（赤眼蜂、捕食螨等）或病原微生物（白僵菌、BT 制剂等），以及植物源农药、微生物农药、天然的植物生长调节剂等生物农药调控害虫密度，或抑制病原菌的传播蔓延。④ 生态调控，包括增加作物多样性、以草治虫、生草栽培调节田间小气候等方式，形成有利于天敌昆虫定殖、繁殖和觅食的生态环境或者起到恶化害虫生长繁殖的生态环境。⑤科学用药技术，包括选择高效、低毒、低残留、环境友好型农药，轮换使用、交替使用、精准使用和安全使用。

从以上绿色防控技术也可以看出，绿色防控不排斥使用化学农药，化学农药也属于绿色防控技术产品，但是前提是要科学用药，充分发挥农药正面的积极作用，避免和减轻农药带来的农残超标。同时，绿色防控技术内容非常丰富，不仅包括传统的植保技术，而且优良抗病品种、土壤改良、节水控湿、植株病残枝处理等减少病虫发生、利于作物健壮生长的技术措施，都可视为绿色防控。

（三）政策性农业保险

政策性农业保险是指以保险公司市场化经营为依托，政府通过保费补贴等政策扶持，对种植业、养殖业因遭受自然灾害和意外事故造成的经济损失提供的直接物化成本保险。政策性农业保险将财政手段与市场机制相对接，可以创新政府救灾方式，提高财政资金使用效益，分散农业风险，促进农民收入可持续增长，是世贸组织所允许的支持农业发展的"绿箱"政策。

政策性农业保险的基本原则是坚持政府引导、市场运作、自主自愿、协同推进，遵循市场经济规律，充分发挥财政资金效益，提升服务"三农"保障能力，防范和化解农业生产风险。

政策性农业保险分为中央财政保费补贴范围的保险品种（简称"中央补贴险种"）和地方优势特色保险品种（简称"地方补贴险种"）。我国采取分级负担的补贴模式，按照"中央保大宗，地方保特色"的总体思路，中央和省级财政重点保障关系国计民生和粮食、生态安全的主要大宗农产品，并向粮食生产功能区、重要农产品生产保护区和乡村振兴重点帮扶县予以倾斜支持。对于市县财政重点补贴的地方优势特色农产品，中央和省级财政采取以奖代补方式，予以一定支持。具体险种包括：种植业保险，主要有玉米、水稻、大豆、小麦、棉花等保险；养殖业保险，重点在生猪保险，还有能繁母猪保险、奶牛保险、家禽保险等；渔业保险；经济农作物保险，如林木、油菜、烟叶、西瓜保险等。

参加政策性农业保险的好处包括：一是费用少。对政策性农业保险，各级政府保费补贴比例高达80%，参保农户自行承担20%，这等于政府出钱为种养业系上了"保险带"。二是有利于减少灾害给农民带来的损失，减少农民收入的巨大波动。由于有农业保险提供灾害损失补偿，农民可以尽快恢复农业生产和生活，消除灾害带来的不良影响。三是有利于灾害的预防和有效救助。农业保险实行"防赔结合"的管理方针，通过保前检查、制定并落实防灾预案等一系列措施来减少灾害的发生。当灾害发生后，又通过一系列的措施来减少灾害所带来的损失。四是有利于保障农业投资安全。有了农业保险作为保障，农民就可以放心地增加农业投入，扩大农业再生产，从而增加收入。

● B 案例——创新农机服务，树立地区服务榜样：慧耕农机服务专业合作社

一、基本情况

蒲江县慧耕农机服务专业合作社成立于 2018 年 1 月 26 日，拥有成员 117 名。合作社成员面积约 5.33 平方千米，主要种植柑橘和猕猴桃，蒲江境内合作社全程托管大田作物约 0.37 平方千米。合作社现拥有割草机 50 台、开沟机 15 台、智能喷药机 5 台、植保无人机 3 台、履带式转运机 10 台、小型微耕机 20 台等各类先进设备。2021 年创收 330.64 万元，利润达到 54.55 万元。累计为 0.8 万余农户提供从播种到收获的全程高产解决方案，服务面积约 20 平方千米。

2022 年，合作社被评选为成都市市级示范合作社，成立了省级"全程机械化+综合农事"服务中心。现阶段，合作社有高级农业职业经理人 12 人，中级农业职业经理人 31 人，专利技术 3 项，改进适合丘陵地区的机械 10 余种。

二、案例分析

合作社创新服务模式，拓展合作社业务覆盖面。2022 年合作社推出"尝鲜试用"服务方案，即"以蒲江县城为中心，方圆 50 千米范围内，为适宜机械化操作的种植户园地提供一次免费施药"，让种植户直观感受到农业机械化的高效便捷，最终形成一个"体验—口碑—转化—复购"的完整闭环，进一步推动了蒲江农业机械化进程，拓展了合作社的服务面覆盖范围。

合作社立足技术改进创新，开创技术应用新空间。根据实际需求，合作社常常对已有农机具进行实用性和本地化改进，以最大限度地适应本地情况。比如将碎枝机安装在废旧三轮车上，可根据作业需要移动到工作区域，操作轻巧便捷，同时又实现了资源再利用。同时，由于合作社的农机维修服务快捷便利，农机生产企业纷纷在合作社建立了售后维修服务站，提供农机维修服务。此外，合作社还积极举办无人机、茎块挖掘机械等作业技能培训，每年举办培训班，培养了一批一线农机技术人才。

针对本地产业情况，合作社联合其他科研院所研发新技术解决生产中所遇到的问题。如为了解决晚熟柑橘在喷洒农药、施肥、浇水等作业过程中出现的劳动强度大、人工成本高、作业不便、效果低等问题，合作社和蒲江县农业技术推广服务中心果技专家反复研究，将一些常见的农机设施如移动首部、钢架、管道、雾喷、吊喷等进行组装，成功研发了蒲江县晚熟柑橘药肥一体多功能集成系统，并在蒲江县大兴镇米锅村 4 组建立了 0.02 平方千米示范基地。

合作社与相关公司形成合作，运用中化 MAP 服务平台，推动物联网、大数据、智能控制、卫星定位导航等信息技术应用于生产管理、农机作业，实现农户和经营主体用一部手机就可以买农资、用农机、问专家、看果园。在线上，实现地块可视化管理、遥感巡田管理、农作物遥感监测、农机作业调度、农田精准气象、病虫害预警等智慧

管理。在线下，科学调配人、机、地等资源要素，实现农机作业和生产管理有序开展。

合作社成立了"全程机械化+综合农事"服务中心，不仅为服务对象提供全程的农机作业服务，还为其提供农资供应、农技指导、病虫害防治等综合农事服务，不断提高服务范围和水平，满足小农户和新型农业经营主体的生产需求。

为了更高效、更节能、更精准地服务广大成员，目前，慧耕农机服务专业合作社已建立起植保无人机飞防服务队、水肥一体化喷滴灌服务队等多支队伍，服务周边20多个村以及崇州市、眉山市丹棱县的部分区域，促进农业的现代化发展。现今飞防服务面积达13.33平方千米。

（案例来源：美丽蒲江公众号. 成都蒲江慧耕农机服务专业合作社获评省级"全程机械化+综合农事"服务中心[OL]. https://m.163.com/dy/article/HTQG02270514N688.html, 2023-02-17.）

三、知识链接

（一）综合性农事服务中心

综合性农事服务中心是为了"打通为农服务'最后一公里'"，集农机新机具新技术推广应用、农机社会化服务、农资产品展示展销、农机农技信息发布、农机维修保养存放、人员培训管理等于一体的农机农艺农信融合应用的综合性平台。

（二）农业生产托管模式

农业生产托管是农户在不流转土地经营权的情况下，将农业生产中的耕、种、防、收等全部或部分作业环节委托给社会化服务组织完成的一种经营模式。这种模式是社会化服务直接服务农业和农户最现实、最简洁的方式，是实现农户与现代农业发展有机衔接的重要经营模式，是实现服务规模经营的有效方式。由于避免了较高流转费所带来的农业成本增加，所以特别适用于粮食等低附加值大宗农产品生产。

目前，农业生产托管主要有以下几种模式：

（1）土地托管。土地托管是指部分不愿耕种或无能力耕种者把土地委托给供销社等合作组织和种植大户，并由其代为耕种管理的做法。

（2）代耕代种。代耕代种与土地托管在概念上的差异较小，只是土地交管对象上有所不同，托管一般都是交给合作社等组织，代耕代种一般交给个人。另外，托管之后每年的种植作物由合作社决定，代耕代种一般由土地的主人决定。

（3）劳务托管模式。劳务托管模式又称菜单式半托管，是指农户与托管服务主体达成劳动服务协议，服务主体承包播种、育种、育秧、整田、栽秧、插秧、施肥、打药、收割等种植过程所需劳动作业的主要环节；种植户自身承担劳动服务费、种子、农药、肥料等费用，农业收入归农户所有。

（4）订单托管模式。订单托管是农户将农业生产过程中某个时段的劳务项目委托给托管方，托管方按劳务项目获得报酬。对于此模式，农户接受起来容易，但选择的多样性导致管理难、利润点低。

（5）联耕联种。联耕联种是由江苏省射阳县农业委员会探索实践的新型农业生产经营方式。它是在村"两委"引领和农业部门的服务下，采取"农户+农户+合作社"的新型农民合作经营模式，是在持续稳定家庭联产承包经营的基础上，按照农户自愿的原则，由村组织统一组织，以打桩等形式确定界址，破除田埂，将碎片化的农地集中起来，实现有组织的连片种植，再由服务组织提供专业化服务，推进农业生产上联耕联种、联管联营，实现"增面积、降农本、促还田、添地力、提单产、升效益"的新型生产方式。

（6）农业共营制。四川崇州市探索形成了"土地股份合作社+农业职业经理人+农业综合服务"为基本构架的农业"共营制"，有效破解了农业谁来经营、农村谁来种地、生产谁来服务三大难题，引导农户以土地承包经营权折资入股，工商注册成立土地股份合作社。合作社采取按经营纯收入1:2:7（即10%作为公积金、20%作为农业职业经理人佣金、70%作为社员土地入股分红），辅以超产分红或二次分红等方式，保障入社社员收益。

（三）植保无人机飞防

植保无人机飞防是指利用小型遥控无人机，进行低空喷施农药，实现对农作物病虫害防治的一种新型农作物保护方式。

面对传统的植保方式，植保无人机飞防有以下几方面的优势：

（1）适应面广。各种农作物都可通过植保无人机进行飞防作业。植保无人机体积小，起降方便，相比大型飞机来讲，不需要专门建设飞机跑道，并且不论是丘陵、山地、坡地、不规则地块儿都可以用植保无人机进行飞防作业。

（2）省水省药。传统农药每亩需要喷施药液30～40千克，而植保无人机飞防作业每亩地喷施专用农药1L左右即可达到防治效果，能节省水资源，减少农药使用量。

（3）效率高。虽然植保无人机飞防的作业效率不如大型飞机，但相对于传统的人工作业，还是要高很多，一般是人工的10～15倍。

此外，植保无人机飞防使用的是专用的药剂，在雾滴的沉降速度、附着性、抗挥发性、作物叶面吸收效率等方面都比传统农药高很多，这也是植保无人机飞防作业的一大优势。

● **C案例——打造现代农业综合服务体，提供全链条生产服务：惠泽农业生产专业合作社**

一、基本情况

吉林省德惠市惠泽农业生产专业合作社成立于2009年，现有员工60余人，入社农户1 500户，是国家农民合作社示范社。2021年，合作社托管土地34.66平方千米，辐射13个乡镇120个行政村,服务带动农户4 450余户,实现每万平方米增产玉米1 500千克以上,为农户增收600余万元,户均增收1 800元。合作社整合小型家庭农场、社会农机手50余户,吸收农机手就业,每人年均增收8 000~10 000元。

二、案例分析

合作社强化组织建设,完善托管服务管理体系。一是组建经纪人队伍。合作社前身是北方农业生产资料有限公司,凭借具备的农资销售、农业技术服务基础和较强客户黏性等优势,在16个乡镇街道都建立了经纪人队伍,在农户中拥有良好口碑,为托管服务打下了坚实基础。二是健全四级服务网络。以合作社为主体,牵头组织开展全市托管,以乡镇为中心建立2平方千米左右的托管区,以村为单位建立村级服务站,以屯组为单位布点,目前合作社已在60个村建立示范基地,具备年托管40平方千米的能力。三是构建运营管理网络。合作社以区域经理、技术员、服务站站长、农机手、农户为主体,建立自上而下、联合协作、多方共赢的管理体系,为托管服务增强人力、技术保障。

合作社与吉林农业大学、吉林省农业科学院合作组建专家团队,组建了土壤学、植物营养学专家领衔的科技团队,指导编制了生产托管服务指导手册,涵盖玉米种植、农机作业等42项具体操作标准和方案。依靠专家团队,建立最新农业技术及产品的引进、更新机制,积极应用玉米生产全程机械化作业、测土配方施肥、植保无人机飞防等先进技术,实施玉米精准化种植技术综合应用。围绕解决玉米大田种植存在的盲目购种、粗放管理等实际问题,合作社先后对托管地块采点200余个,进行土壤成分检测,获取翔实的点位数据,量身定制"个性化"种植方案,为科学种植奠定了基础。

合作社创新托管形式,探索推广"合作社+基地(村级服务站)+农户"托管模式、"农资采购+全程托管+农业金融+粮食银行"全链条服务模式。围绕"产中"环节,合作社开展因地制宜、灵活多样的托管服务。面向小规模分散经营农户,依据托管手册开展全程生产托管,提供耕、种、管、收、销等8个环节的规范化、标准化服务;面向年老体弱农户实行"全程生产托管";针对季节性外出务工农户,推出关键环节托管,重点提供定期技术指导与农业机械服务;针对机械配套不全、耕作粗放的小型农机户,实行"合作式托管",采取农机"返租倒包"的形式,整合盘活农机资源,推动托管规模扩大,完善农机社会化服务网络。为解决本地玉米种植春旱偏重、出苗不齐等实际问题,合作社大面积推广"免耕+精量化播种",每亩节约种子0.08千克,亩均节约肥药7.3%,出苗率达九成以上。

在权利义务界定上,合作社与入社农户签订托管合同,明确了托管作业的8项权利义务,确保托管依法依规进行。在农机作业上,实行三场一库、机具保养、机务人员素质考核等"七加强"管理标准。在种植经营上,实行生产资料购置、测土配方施肥、耕种、植保、收获的"五统一"作业标准,建立以1.67~2平方千米为基本作业单元的农业机械化服务方案,推广应用旱田节水灌溉、玉米平衡施肥及生物防虫、玉米精准化栽培、玉米秸秆粉碎深埋等农业新科技、新成果，实现了生产和管理的标准化、规范化、科学化。

合作社从"产中"托管出发，坚持产业化思维，着力做实做深"产、供、销、服"各个环节，探索整合农村第一、二、三产业资源，在提升产业效率上增加多方收益。在生产资料方面，合作社与美来众联科技（北京）有限公司合作，开发农业生产托管定制产品，开发定制使用玉米专用肥、授粉精华素等，推广使用玉米免耕播种机等先进农机具；在金融服务方面，合作社与德惠敦银村镇银行、中国银行德惠支行等金融机构合作，积极推出面向托管农户的金融产品，提供助农贷款服务，联合开发面向小农户的低息、贴息贷款产品，减轻农户资金压力；在生态农业方面，合作社坚持农业生产托管绿色安全可溯，加强黑土地保护和永续利用，先后建立塑料制品回收、玉米秸秆粉碎深埋等制度，改良了土壤环境。

（案例来源：吉林省农业农村厅. 吉林德惠市惠泽农业生产专合社探索规模化托管服务新模式打造全链条服务体系[OL]. http://agri.jl.gov.cn/xdny/ncjj/202205/t20220527_8460639.html, 2022-05-27.）

三、知识链接

（一）返租倒包

返租倒包是指某一农村集体（乡、镇）以一定数量的租金从农户手中将土地使用权返租回来（后来也通指某些农合组合或公司从农户手中将土地使用权租赁回来），通过土地治理和基础设施改造，或是某种良种或技术的应用，再倒包给原承包农户或其他农户和单位。

（二）粮食银行

粮食银行是指储粮户（主要是农民）将暂时多余的粮食存放在粮食经营企业，储粮户拥有粮食的所有权。粮食经营企业可以通过加工、贸易等盘活粮食资源，在粮食的流动和周转中获得增值效益，这部分效益即为"粮食银行"的利润和储粮户的利息。

粮食银行运营的实质，就是粮食企业与商业银行合作，把粮食这一特殊商品与银行的经营方式相结合，以农户手中的商品粮为产品，以粮食企业为载体，以银行的相关资源为补充手段，通过粮源集并、加工存储、质押贷款、现货销售、电子交易、陆海联运等整体联动，推进现代粮食流通体系构建，破解粮食流通过程中存在的诸多难题，促进经济效益和社会效益的同步提升。

（三）秸秆还田

秸秆还田是指利用秸秆而进行还田的措施，是世界上普遍重视的一项培肥地力的增产措施，在杜绝了秸秆焚烧所造成的大气污染的同时还有增肥增产的作用。秸秆还田能增加土壤有机质，改良土壤结构，使土壤疏松，孔隙度增加，容量减轻，促进微生物活力和作物根系的发育。秸秆还田增肥增产的作用显著，一般可增产5%～10%。但若方法不当，也会导致土壤病菌增加，作物病害加重及缺苗（僵苗）等不良现象。因此，采取合理的秸秆还田措施，才能起到良好的还田效果。

秸秆还田是把不宜直接作饲料的秸秆（麦秸、玉米秸和水稻秸秆等）直接或堆积腐熟后施入土壤中的一种方法。农业生产的过程也是一个能量转换的过程。作物在生长过程中要不断消耗能量，也需要不断补充能量，不断调节土壤中水、肥、气、热的含量。秸秆中含有大量的新鲜有机物料，在归还于农田之后，经过一段时间的腐解作用，就可以转化成有机质和速效养分，不仅能改善土壤理化性状，也可供应一定的钾等养分。可见，秸秆还田可促进农业节水、节成本、增产、增效，在环保和农业可持续发展中应受到充分重视。

模块三　农产品流通服务模式

● A 案例——升级农产品流通模式，实现降本增效：长松村水蜜桃专业生产合作社

一、基本情况

长松村水蜜桃专业生产合作社成立于2008年，会员数248户，带动农户1 500户。合作社位于成都龙泉山，水蜜桃种植面积达4平方千米，基地境内资源丰富，森林植被属亚热带常绿阔叶林带，森林覆盖率35%左右。基地常年气温比坝区低2～3 ℃，形成了适宜水蜜桃生长的独特小气候区域，同时土壤中还含有丰富的矿物质。基地所产水蜜桃无论是外观还是口感都让人爱不释手。2008年，合作社与四川省农科院园艺研究所就水蜜桃的新品种引进、新技术推广等方面进行了广泛的合作，使长松水蜜桃的品质得到了极大的提升。2009年，合作社生产的水蜜桃经检测达到欧洲出口标准，果实内在品质和外观质量特优，通过了国家良好规范农业GAP认证；2010年，被评为"省级示范合作社"，同时"长松水蜜桃"商标注册也得到了国家认可；2011年，合作社1.53平方千米水蜜桃通过龙泉驿区出口水果安全示范基地的验收，取得了水果出口的通行证，并成功出口到新加坡。2013年，取得了产品有机认证。2014年，下设销售公司即四川盘信农业有限责任公司，率先以"合作社+公司""合作社+农户"的双加模式，以市场带动生产，生产部和销售部各司其职，将长松水蜜桃推向全国乃至全世界。

二、案例分析

长松村水蜜桃专业生产合作社所生产的为数众多的水蜜桃主要是通过传统的批发市场模式实现价值的转化，但近年来随着互联网+渗透到各行各业，长松村水蜜桃专业合作社也顺应时代发展，积极投入到农产品+互联网浪潮中。为了使合作社生产的水蜜桃更好地满足消费者需求，更大限度地保障合作社会员的利益，长松村水蜜桃专业生

产合作社在传统流通模式的基础上进行流通模式的改造升级。首先，作为占主流的传统流通模式，合作社依然重视与批发市场的合作，合作社及会员生产的水蜜桃以较低价格大批量售卖给产地批发市场，再由产地批发市场通过长途运输售卖给销地批发市场；其次，与大型商超合作进行订单生产和农超对接，合作社按照大型商超所要求的标准采摘、分级、包装，并将水蜜桃通过多种物流形式运送到商超指定地点；最后，作为参与互联网+程度最深入的一种模式，合作社接收线上电商平台的订单，按照平台订单要求打包水蜜桃并采用恰当的物流方式发送货物。

合作社在优化流通模式的过程中也面临诸多挑战。首先，线上销售平台订单存在订单数量多但批量小的特点，而水蜜桃产地处于山地地区，交通极为不便，尤其是生鲜农产品线上销售初期各大物流企业鲜少在合作社周边设置物流网点，产品运输和配送是合作社面临的最大问题。对此，合作社积极寻求当地政府的支持和帮助，相关部门作为合作社与企业沟通的桥梁，促成合作社与物流企业的合作，逐步由物流公司设置物流网点，解决农产品上行难问题。其次，水蜜桃果肉鲜美多汁，果皮十分脆弱，稍有不慎则会破坏水蜜桃的卖相和鲜度，造成损耗，因而高质量的流通环节管理尤为重要。对此，合作社积极采用行业领先的保鲜贮藏和冷链运输等技术，尤其重视水蜜桃采后预冷技术的应用，尽量减少水蜜桃流通过程中的不必要损耗。

长松村水蜜桃专业生产合作社在不断改良品种、精益产品的同时，顺应时代发展浪潮，积极响应市场和消费者需求，审时度势，适时优化升级农产品流通模式，快速响应市场，在激烈的水蜜桃竞争市场中打响了自己的品牌。我国农民收入低，重要原因之一是农产品商品化效率低，而提高农产品商品化效率的可行之法是农产品流通模式转型升级。该合作社主要通过优化流通模式，拓展更多的产品销售平台，保障合作社的议价能力，同时通过采用现代化保鲜和冷链技术减少水蜜桃损耗，减少损耗成本，得到了客户的信任和好评。

（案例来源：根据对长松村水蜜桃专业合作社实地采访及对合作社工作人员的深度访谈编写．）

三、知识链接

（一）农产品流通模式

常见的农产品流通模式有农批分销模式、商超分销模式、生鲜新零售模式、农商对接模式、产地直销模式等。市场份额、流通环节的数量、特点、优劣势、发展潜力是不同农产品流通模式的重要特点。

推动农产品流通模式变化的重要因素有以下几个方面：

（1）产业发展因素：生鲜农产品流通模式的发展变化，很大程度上是由工业化及产业发展进程来推动的。当工业发展起来后，商业及现代服务业也发展起来，一方面，可以实现工业反哺农业；另一方面，大量的工商业及服务业的就业人口形成了对生鲜农产品的巨大需求市场，对生鲜农产品流通模式的发展具有根本性的促进作用。

（2）宏观政策因素：生鲜农产品流通模式还与宏观经济政策有着密切的关系。不同时期的社会结构不同，产业发展水平不同，科技进步程度不同，因而在不同时期会有不一样的经济制度和宏观经济政策。宏观经济政策对生鲜农产品流通模式的发展是一个不可忽视的因素，如乡村振兴政策和食品安全监管政策。

（3）互联网发展因素：生鲜电商及生鲜新零售的发展主要得益于互联网的发展。就目前来看，生鲜电商及生鲜新零售主要是基于在线交易平台和连锁门店来对接终端消费者需求的，并寻求对客流和需求信息的垄断。随着生鲜农产品流通互联网化发展的不断深入，一是不断打破供需信息的不对称；二是可以促进流通上下游环节的协同，以进一步提高流通效率；三是可以让整个流通过程更加透明，以强化品控管理。

（二）农产品预冷技术

农产品预冷是指农产品采摘后，迅速利用合适的预冷方式快速去除田间热，为农产品全程冷链提供保障。

农产品预冷的重要性：迅速降低果蔬体温，从而降低呼吸强度，有利于保持贮藏期间的果蔬品质新鲜，减少腐烂变质；进入冷藏车或冷藏库后消耗较少的冷气，防止车温或库温的上升；经过预冷的果蔬在以后的冷藏中比较抗冷害，可减少生理病害；未经预冷的果品和车厢温差大，果蔬水分蒸发快，加速果蔬的失水，并形成水珠。因此，农产品的采后预冷对于农产品整个生命周期来说至关重要。

常见农产品预冷的方法：① 自然降温冷却法，即将采收的果蔬放在背阴、冷凉、通风场所，让其自然降温，使产品所带的田间热散去；② 风冷法，即将收获后的果蔬直接放在制冷能力小的冷库内预冷，由空气自然对流或风机送入冷风使其在果蔬包装箱的周围循环，再通过对流和传导逐渐使箱内产品温度降低；③ 水冷法，即利用水进行浸泡、喷水、冲水等方式，实现农产品快速降温。

（三）农产品商品化

1. 农产品商品化的内涵

农产品商品化是指将农产品通过加工，使其具有市场竞争力和附加值，成为一种商品化的农产品。这一过程包括加工、销售、营销等环节。

农产品商品化处理是指为了保证农产品质量并使其从农产品转化为商品所采取的一系列措施的总称，包括农产品采后的挑选、修整、分级、清洗、预冷、愈伤、打蜡等技术环节。

2. 如何深化农产品商品化

从经济学意义上来看，只要农户生产的农产品流入消费市场，并销售出去，就实现了农产品的商品化，但这并未实现农产品的价值最大化。因此，从市场营销或者供应链思维来说，我国的农产品商品化程度较低，只是以初级农产品的形式流入市场。要提高农产品的价值，提高农民的收入，必须从提高农产品商品化程度入手。深化农产品商品化程度，主要从以下 4 个方面着手：

（1）进行分等分级；
（2）深化农产品加工；
（3）优化农产品包装；
（4）扩展农产品渠道。

● B 案例——打通生鲜冷链流通环节，实现流通提质增效：
　　　　家家悦集团股份有限公司

一、基本情况

家家悦集团股份有限公司是一家综合性的零售渠道商，主业是超市连锁，其物流实现了区域一体化，目前发展现代农业生产基地和食品加工产业链，特色是经营生鲜农产品供应链。截至 2022 年 12 月末，该公司门店总数 1 005 家，网络覆盖山东、北京、河北、内蒙古、江苏、安徽等 6 个省份，形成了大卖场、综合超市、百货店、便利店、专业店等多业态并举的格局。家家悦实行的模式是"基地+超市"的农超对接模式，目前已经形成了"生产基地—生鲜物流中心—冷链运输—超市"一条龙产业链，并建立了农产品从基地—生鲜物流—冷链运输—超市的全程冷链体系，被商务部评为"农产品冷链流通标准化示范企业"。

二、案例分析

农产品从产地采摘后直到进入流通市场之前，保证食品质量与保鲜效果至关重要，但我国每年因采收不当、采后处理技术落后、贮藏条件不到位等原因造成的农产品损耗居高不下。根据中国冷链委数据，生鲜蔬菜和水果损耗率分别高达 30%和 25%，远高于发达国家平均水平的 5%和 5%。究其原因与是否合理采用农产品冷链息息相关。但从冷链运输方面来看，中国生鲜农产品冷链运输率为 10%，而美国生鲜冷链运输率为 100%，发达国家平均水平为 90%。家家悦集团股份有限公司在生鲜农产品流通中不断积累经验，分析我国生鲜农产品流通中存在的难点，从而试图找到解决办法，突破我国生鲜农产品流通中的瓶颈。

家家悦集团股份有限公司的成功主要体现在 6 个方面：① 首创"基地+超市"的农超对接模式，实现商品质量的产地化控制，从源头上控制商品准入。② 投资建设生鲜 PC 加工中心和中央厨房系统，实现集中加工+统一配送，通过规模化生产降低成本，采用标准化生产提高品质。③ 投资建设农产品冷链物流实时在线管控平台，对农产品冷链物流过程进行实时在线管控，通过北斗、GPS 定位系统、电子温控等技术，对公司 500 多辆冷链物流车进行全程定位监控，统一指挥调度，实现农产品生产、运输、配送、销售全过程的实时管控，不仅保障了物流配送过程的食品安全，而且有效提升了物流管理效率。④ 农村市场开拓上，按照城乡一体化发展战略，实施超市下乡，开拓农村市场，构建农村新型流通网络，通过"一网多用"，搭建服务农村的综合平台，为在农村发展连锁经营做出了有益的探索，经验和做法得到了商务部的充分肯定，并在全国开展"万村千乡市场工程"。⑤在产业链条延伸上，投资建设了占地0.21平方千米的家家悦食品工业园，在自建植物油厂、大米厂等项目的基础上，加强与优秀供应商的合作，引进福建蜡笔小新、深圳一町等国内名牌企业入园从事食品加工生产，建立更加紧密的零供战略合作关系，有效利用并整合各种资源，降低采购成本和商品价格，增强了市场竞争力。⑥在模式创新上，秉承"搜索全球，品味世界"的理念，引进母婴产品、保健品、生活用品等5 000多种进口商品，设立保税商品下单体验区，通过PC端和移动端手机APP实现"线下体验、线上直接下单"模式，通过国际采购、海外直邮，实现了进口商品最快两天配送直达，让消费者享受"买世界、品世界"的实惠体验。

本案例中家家悦集团分析了零售商超农产品冷链物流中存在的不足。首先，零售商超农产品冷链物流缺乏统一的农产品冷链流通标准，导致流通环节存在脱节现象，资源无法共享的同时流通效率大大降低，农产品流通损耗率高。其次，农产品冷链流通体系资源分配不均和资源不足问题凸显，主要是冷链人才和冷链软硬件匮乏。家家悦集团从多方面分析了构建高效合理的农产品冷链物流体系的重大意义。对农户而言，可以直接或间接带动农户增收；对消费者而言，提升了生鲜的品质和鲜度，保障了食品消费安全；对农业整体而言，调节了生鲜农产品的地域矛盾和季节矛盾，更好地平衡了生鲜农产品的供需关系。

（案例来源：中仓协家具物流分会微信公众号.案例家家悦：如何推动农产品冷链物流建设[OL]. https://mp.weixin.qq.com/s/mFkUVzbftziyp2AtFH7ZVg, 2020-07-16.）

三、知识链接

（一）农产品冷链物流

农产品冷链物流是指农产品在生产、仓储、运输和销售过程中，一直到消费手上的各个环节始终处于产品规定的最佳低温环境下，从而保证食品质量，减少食品损耗的一项系统工程。构建从产区到销区、从田头到餐桌的全程冷链物流体系，对于保障居民饮食安全、提升冷链流通发展水平、促进农业高质量发展和乡村振兴、满足市场多元化消费需求、提高城乡居民生活品质具有重要的现实意义。

（二）GPS定位系统（全球定位系统）

全球定位系统（GPS），又称全球卫星定位系统，为使用者提供定位、导航和定时（PNT）服务。这套系统由3个部分组成：空间部分、控制部分和用户部分。全球定位系统可满足位于全球地面任何一处或近地空间的用户连续且精确地确定三维位置、三维运动和时间的需求。该系统包括太空中的31颗GPS人造卫星；地面上1个主控站、3个数据注入站和5个监测站，及作为用户端的GPS接收机器、智慧手机等。最少只需 4 个卫星，就能迅速确定用户端在地球上所处的位置及海拔高度。所能接收到的卫星信号数越多，解码出来的位置就越精确。

（三）电子温控技术

电子温控技术是指采用电子式温控器对生鲜农产品流通各环节的产品温度进行自动采样，及时监控，使农产品流通过程中的温度始终控制在产品目标温度，减少农产品温差波动过大导致的产品品质问题，达到保鲜和控制损耗的作用。

● C 案例——农超对接使"田头"到"筷头"有奔头：泗洲蔬菜种植专业合作社

一、基本情况

盱眙县泗洲蔬菜种植专业合作社成立于 2009 年，目前合作社共计社员 206 个，蔬菜种植面积数千亩，年经营额近千万元。合作社通过土地整合，统一采购生产资料，规范化生产，统一销售，创建泗洲绿园蔬菜品牌。合作社所生产的产品不仅销往苏南、浙江等地区，部分产品还远销韩国和日本，达到了合作社带领农民致富的初衷。

二、案例分析

合作社目前已经与苏果、家乐福等连锁超市直接实现了农超对接，使合作社的产品由田间地头直接到超市销售。合作社被批准为苏果、家乐福等超市的供应商，蔬菜基地更是被评为苏果超市蔬菜种植基地。合作社通过规范化、市场化的运行，调整了种植结构、规范了生产流程、创立了蔬菜品牌，迅速走上了发展的道路。不仅合作社发展了，社员获利了，也带动了周边农户发展致富。畅通城乡、连通"田头"和"筷头"的农超对接模式，早已成为苏果超市的常态化机制。苏果超市与泗洲蔬菜种植专业合作社的农超对接模式，不仅让农产品稳市保价有准头、农民增收有奔头，也让乡村振兴有劲头。

本案例中农超对接的具体做法体现在以下几个方面：首先，苏果超市针对合作社生产的农产品实施托底保价收购，合理有效规避农产品滞销现象给合作社农户带来的负面影响。在苏果超市的订单扶持下，中间环节的差价减少了，价格上具备优势，为农户带来了稳定的收入。其次，苏果超市根据大数据，对终端消费者的需求进行预测，根据预测数据向合作社下订单，合作社根据苏果超市订单有计划、有目标地进行生产。目前苏果年采购额超千万元，覆盖大白菜、毛豆、西瓜、黄瓜、花菜、包菜等 10 多个品类。依托苏果这个"靠山"，市场、疫情的影响被降至最低，给农民吃下了"定心丸"。最后，"超市+合作社+农户"的经营模式，还实现了品质统一管理、统一定价收购，为农民致富发展搭起"金桥"。

本案例中的泗洲蔬菜种植专业合作社通过与苏果超市的农超对接模式，实现了合作社内的农户增收保稳；与此同时，合作社的生产更具备市场导向性，减少了盲目生产的风险。合作社在与苏果超市进行合作对接的过程中，不断优化自身的生产和管理模式，使其生产运营、管理模式更具效率和科学性。

本案例中倡导的农产品流通模式着力解决了农产品流通过程中存在的薄弱环节和突出问题，是减少流通环节、降低农产品流通成本的有效手段，是解决鲜活农产品售卖难的根本途径，有利于促进鲜活农产品"农超对接"经营进入良性发展轨道，实现农产品质量从农田到餐桌的全过程控制，提高农产品质量安全水平，对建立农产品现代流通体制、增加农民收入和促进城乡统筹协调发展具有重要的现实性。但是对于农超对接模式而言，合作双方对农产品标准化达成重要共识，是双方顺利展开合作的基础和前提，因此，构建农产品流通标准化体系尤为重要。

（案例来源：安徽商报微信公众号．苏果"农超对接"跑好助农解困"接力赛"——"田头"到"筷头"，乡村振兴有奔头[OL]. https://mp.weixin.qq.com/s/W2J7tPR0ZqUZZwjQatCz8g, 2023-03-30.）

三、知识链接

（一）农超对接

农超对接指农户和商家签订意向性协议书，由农户向超市、菜市场和便民店直供农产品的新型流通方式，主要为优质农产品进入超市搭建平台。农超对接的本质是将现代流通方式引向广阔农村，将千家万户的小生产与千变万化的大市场对接起来，构建市场经济条件下的产销一体化链条，实现商家、农民、消费者共赢。

（二）标准化

标准化是指在经济、技术、科学和管理等社会实践中，对重复性的事物和概念，通过制定、发布和实施标准达到统一，以获得最佳秩序和社会效益。在农产品流通过程中，农产品分级标准化，农产品流通环节标准化，农产品包装标准化，农产品运输标准化，农产品贮藏标准化等对于农产品流通效率的提高、成本的降低、质量的提升都具有至关重要的意义。

（三）供应链需求预测

供应链需求预测是指估计未来一定时间内，整个产品或特定产品的需求量和需求金额的方法，大致分为定性预测法和定量预测法。案例中的苏果超市与泗洲蔬菜种植专业合作社的农超对接中非常重要的一环就是农产品苏果超市采用一定的手段进行需求预测，同时泗洲蔬菜种植专业合作社根据预测数据安排生产计划，开展生产活动。

（1）定性预测法：基于判断、直觉和经验判断的方法，本质上来说是主观的，包括德尔菲法、部门主管人员意见法、用户调查法、销售人员意见法等。

（2）定量预测法：根据已掌握的比较完善的历史统计数据，运用一定的数学方法进行科学的加工整理，借以揭示有关变量之间的规律性联系，用于预测和推测未来发展变化情况的一类预测方法。

模块四　农业社区服务模式

● A 案例——搭建不同平台，探索农村社区治理"洪荒之力"：黄桥村农村社区治理新模式

一、基本情况

上海市松江区泖港镇以党的二十大精神为指引，围绕"浦南绿色发展实践区"定位，立足建设"生态、宜居、美丽"的现代化新泖港，完善宅基地平移后新型农村社区治理模式，助力黄桥村因地制宜探索农村宅基地平移后新型农村社区治理模式，成立村庄管理自治委员会，引进第三方物业公司，与村委会形成"三驾马车"，明确《黄桥村村庄管理服务内容与标准细则》，通过搭建"好邻居"社区服务平台、"类物业"村庄管理平台和"智多星"协商议事平台3个平台，助推基层治理精细化、长效化。

二、案例分析

（一）搭建"好邻居"社区服务平台

黄桥村"好邻居"社区服务站通过解决社区基本事务、政务服务和文化休闲等，让居民切身体会到了"不出门"也能解决问题。该社区服务站紧紧围绕居民存在的实际问题，根据居民需要，合理改善社区功能布局和办事环境，为居民打造良好的环境，提供一站式服务，在拓展特色服务空间方面，居民可以体验党群服务室、农家书屋、老年活动室、新时代文明实践站、综合文体室，村民大食堂、中医特色门诊、智慧健康驿站等；在民生事项类，居民可以体验"打印学习课件""代缴水、电、燃气费"等。

（二）开通"类物业"村庄管理平台

在物业方面，黄桥村建立联席会议制度，每月召开一次联席会议，成立村庄管理自治委员会、引进第三方物业公司和村委会这"三驾马车"，明确《黄桥村村庄管理服务内容与标准细则》，商讨解决黄桥村小区管理中存在的急难愁盼等典型问题，基本实现社区管理广覆盖、重民生。近年来，针对村内由于外来游客较多导致停车位紧张的问题，村委会牵头，联合村庄管理自治委员会和物业公司进行协调，制定完善了《黄桥村车辆管理制度（试行）》，设置了交通引导标识，合理规划改造、集约利用空间，新增66个公共停车位。

（三）成立"智多星"协商议事平台

针对黄桥村存在的日常性待解决问题，通过组建"智多星"协商议事平台，根据村民提事、网格议事、会议定事、联动办事、村民评事、村民督事"六步工作法"，引导村民积极参与其中，共同解决大家存在的问题，争取尽最大可能实现村民满意度最大化。例如，如果有村民想要属于自己的一方土地、种点新鲜东西的诉求汇集到了"智多星"协商议事平台后，村委会便召集协商开会议事，提出了实施"一分菜园"方案。村委会划分闲置土地，确保每户人家都能分到"一分田"的小菜园。自此，"一分田"小菜园成了村民的"心头好"。

（案例来源：上海民政微信公众号. 松江泖港镇搭建"三个平台"，探索农村社区治理新模式[OL]. https://mp.weixin.qq.com/s/OIUqeDIa4I1Ie6kf-FbOmA, 2023-08-22.）

三、知识链接

（一）新型农村社区治理模式

新型农村社区治理模式，是指基于社区居民自治、政府推动和社会参与的理念，通过创新社区治理机制、强化社区自治能力、完善相关制度，实现农村社区治理的现代化、民主化和科学化。

新型农村社区治理模式的特点如下：

（1）强调社区居民自治。通过培养居民自治意识，鼓励居民参与社区事务的决策和管理，实现社区内事务的基层自治。

（2）政府推动与服务。政府在新型农村社区治理中的角色是推动者和服务者，为社区居民提供必要的公共服务、便利条件和政策支持。

（3）强调社会参与。社会各界组织和个人积极参与社区治理，发挥各自优势，推动社区治理工作的开展，提供社区发展所需资源和智力支持。

（4）创新治理机制。建立健全透明、规范、高效的社区治理机制，包括社区居民代表大会制度、居民议事会制度、社区事务公开制度等，实现社区治理的民主化和规范化。

（5）完善相关制度。不断完善与农村社区治理相关的法律法规和政策，建立健全农村社区治理的组织架构、职责分工和权力制约机制，保障社区治理的顺利进行。

（二）农村社区智慧健康驿站

农村社区智慧健康驿站是一个为农村居民提供智能化健康服务的场所。它结合现代科技和医疗资源，为农村居民提供便捷、高效的健康管理。驿站设施包括智能体检设备、远程医疗设备、健康管理系统等。居民可以通过智能体检设备进行基本的体检，如测量血压、血糖、体重等。体检数据会被自动上传至健康管理系统，居民通过手机等设备就可随时查看自己的健康状况。驿站还提供远程医疗服务，通过视频通话等方式，居民就可以与医生进行实时沟通，获取健康咨询和诊断，避免长途跋涉就医的不便。此外，驿站还可以举办健康教育活动，邀请专业医生为居民讲解各种常见疾病的预防和治疗方法，从而提高居民的健康意识和健康知识水平。

（三）农村社区一分菜园

一分菜园通常是指一块能够开垦种植蔬菜的土地，面积为一分，即约666.67平方米，是农村居民或者城市居民在闲置的土地上自主种植蔬菜的一种方式。一分菜园的种植方式可以根据个人的喜好和需求来选择，可以是普通菜地或者特色菜地。一分菜园可以利用自然光照和水源来满足蔬菜的生长需求，不需要额外的施肥、灌溉和照明设备。种植一分菜园可以为居民提供新鲜、有机的蔬菜，同时也能够锻炼身体，丰富业余生活。此外，一分菜园还能够美化环境、改善生态、减少食品浪费。

种植一分菜园时，需要注意以下几点：

（1）土地选择：选择土壤肥沃、阳光充足、排水良好的地方进行种植。

（2）种植方案：根据自己的喜好和需求选择适合当地气候和土壤条件的蔬菜进行种植。

（3）施肥和管理：合理施肥、浇水和管理，保证蔬菜的生长和产量。

（4）病虫害防治：及时发现和处理蔬菜的病虫害问题，避免严重影响产量和质量。

（5）定期收获：按照蔬菜的生长周期和成熟期进行定期收获，保证蔬菜的新鲜和口感。一分菜园的种植可以根据个人的经验和兴趣来调整，不同的地理条件和气候条件也会影响种植效果，因此建议根据实际情况进行实践和总结。

● B案例——服务群众零距离，细致入微暖人心：
　　　　　高滩村社区探索"阵地+"模式

一、基本情况

省区市"三抓三促"行动开展以来，兰州市城关区雁园街道高滩村社区积极开展"以党建为引领，以服务为载体"的基层党组织建设活动，充分发挥"社工委"资源优势，拓宽"小区党员阵地"服务项目，优化社区服务体系，增强社区服务质量，全力打造社区党建特色品牌"暖心公社·智能平台"；同时把建好管好用好党员阵地作为课题和方向，不断探索"阵地+"工作方式，整合小区资源力量、提升小区治理能力、加强干群关系，切实提升民生服务的精准度，为辖区群众提供更多元化、精益化的服务项目，持续提升群众满意度和幸福感。

二、案例分析

（一）促发展、保服务，齐心协力、少走弯路

据悉，在高滩村内推进的项目中，小区党员同志发挥了积极作用，勇于担当，提

升了村内项目的审理速度。在项目推进过程中，主动作为，积极走访辖区建设项目单位党组织，细化服务内容，将常态化志愿服务工作继续落实。此外，高滩村社区还联合相关职能部门将与社区有关的手续审批、就业需求、法律咨询、安全宣传等日常性事务进一步优化。通过政务服务窗口落实"任务包干、节点推进"与"周报告、月检查"工作机制，健全该社区党员积分考核和干部职工星级评定，营造良好的营商环境，并努力改善村民居住环境，提升村民就业率，壮大村集体经济收入。

（二）形成特殊人群帮扶长效机制

高滩村社区根据村内发展实际情况，开启"阵地+"服务模式，加大社区驻守干部参与社区治理、服务基层群众的力度，进一步拓宽服务范围、细化服务内容，重点关注村内特殊人群的需求，加大其帮扶机制，制定科学服务体系，加强特殊人群办事的便利性。其中，最值得一提的便是村社区建立的"社工委"资源优势清单，形成点对点精细化服务。另外，摸排特殊人群及其家庭具体情况，为他们制定专属档案库，便于后期开展契合实际的心理咨询、疏导和情感沟通等。

（三）着力解决群众"难心事、烦心事"

高滩村社区结合实际情况充分利用社区"党群服务中心"及"社工委"成员单位资源优势，充分发挥"小兰社会治理综合指挥中心"诉求，反映平台解决群众"难心事、烦心事"，实行"不出家门、上门服务"的理念。成立高滩村社区"小王服务队"，主要承担居民群众矛盾纠纷调解、特殊人群帮扶、环境卫生治理、便民服务精准实施等工作。

（四）筑牢基层治安防范根基

高滩村社区结合"三抓三促"行动方案，举全力扎实高效推进各项工作落实落细。发挥小区党员阵地党员能效，将社区全部工作精细化分类，更多地聚焦基层问题，不断提升社区平安稳定工作效果和质量。围绕以"禁毒宣传不止步，识毒防毒零距离""筑牢电诈防火墙，增强群众免疫力"等任务，充分发挥网格力量，筑牢基层禁毒、反电诈、反邪教等常态化宣传教育活动，并且采取多形式、多样化的方式宣传相关法律法规、防骗识骗拒骗意识，提升居民群众安全意识，真正将综合治理各项措施落实到群众中，形成长效防范工作机制。

（案例来源：城关发布微信公众号. 基层治理｜高滩村社区：探索"阵地+"模式 服务群众零距离[OL]. https://mp.weixin.qq.com/s/49myiHz03TeDricBGPUohQ, 2023-05-14.）

三、知识链接

（一）三抓三促

"三抓三促"是指在中国农村发展中的一个重要工作理念，即抓住产业发展、抓住生态建设、抓住乡风文明，促进农民增收，促进农村现代化建设和农村社会进步。

具体来说，"三抓"是指：

（1）抓住产业发展：注重培育和发展农村特色产业，增加农民收入。通过科技创新、产业转型升级、农民合作组织建设等措施，推动农村经济结构调整和农业现代化发展，实现农民增收。

（2）抓住生态建设：注重保护和修复农村生态环境，实现可持续发展。通过推动农田水利建设、农村生态修复、农业生产方式转变等手段，促进农业生态化、农村绿色发展，提高农村生态环境质量。

（3）抓住乡风文明：注重培育和践行良好的乡风文明，促进农村社会进步。通过开展文明村创建、美丽乡村建设、传统文化保护等工作，营造积极向上、和谐稳定的农村社会氛围。

"三促"则是指：

（1）促进农业增效：通过优化农业生产方式，提高农业生产效率和综合效益，包括推广科技创新、提高农资利用效率、实施农业机械化等措施，提高农业生产的质量和效益。

（2）促进农民增收：通过发展农村产业、扶持农民工转移就业、加强农村社会保障等手段，增加农民收入。同时，创造更多农村经营机会和就业机会，提高农民的创收能力。

（3）促进农村现代化：通过农村基础设施建设、农村社会事业发展、农村治理体系建设等措施，促进农村现代化进程。实现农村产业结构、社会结构、生态环境、治理能力等方面的现代化。

（二）农村社区营商环境

农村社区营商环境是指农村地区开展经济活动所需要的一系列条件和环境因素，包括政策支持、法律规范、基础设施、市场规模、人才储备、投资环境等。

（1）政策支持：政府制定和实施有利于农村经济发展的政策，包括扶持农村产业发展、鼓励农村创业创新、优惠税收政策等。

（2）法律规范：建立健全的法律法规体系，确保农村经济活动的合法性和可持续发展，包括土地使用权、产权保护、合同法等相关法律法规的制定和执行。

（3）基础设施：农村社区需要有完善的基础设施条件，包括道路交通、水电供应、通信网络等，以提供良好的生产生活环境。

（4）市场规模：农村社区需要有足够的市场需求和规模，吸引更多的企业和投资者参与，推动农村经济的发展。

（5）人才储备：培养和吸引一批高素质的人才到农村社区从事经济活动，提供专业技术支持和管理能力，推动农村产业升级和创新发展。

（6）投资环境：提供优惠的投资政策，吸引和引导各类投资者到农村社区进行投资和创业，提高投资的回报率和风险抵抗能力。

（7）服务保障：建立健全的服务保障体系，包括金融服务、科技支持、市场信息服务等，为农村企业、创业者提供便利和支持。

（三）农村社区"阵地+"

农村社区"阵地+"是指在农村社区中通过深化农村基层力量建设，加强社区组织建设，实现农村社区治理的现代化转型。"阵地+"强调将农村社区作为基本阵地，以社区为中心，通过整合农村现有资源，推进经济、社会、生态、文化等多方面的发展，提高农村社区治理的能力和水平。

具体来说，农村社区"阵地+"的举措包括以下几个方面：

（1）社区组织建设：加强农村社区组织的建设，完善社区委员会和社区居民自治组织，推动社区民主管理和决策。

（2）经济发展："阵地+"鼓励农村社区发展农村产业、乡村旅游和农民合作经济等，提高农村社区的经济活力和发展潜力。

（3）社会服务：完善农村社区的基础公共服务设施，提供优质的教育、医疗、养老、文化、体育等社会服务，提高农民的生活质量和幸福感。

（4）生态环境保护：加强农村生态环境保护工作，推动农村生态建设和绿色发展，促进农村社区的可持续发展。

（5）文化传承：加强乡土文化和农村社区文化的传承与创新，以文化建设增强社区的凝聚力和认同感。

农村社区"阵地+"的核心是通过提升农村社区的综合治理能力和水平，实现农村社区的全面发展。这需要政府部门、社区组织、居民和企业等多方共同参与和努力，形成一种合力，推动农村社区的现代化转型，提高农民的生活质量和幸福感。

● C案例——"多业态、全龄化"社区式康养模式激活乡村振兴：
　　　　　　长庚养生文化村

一、基本情况

台湾长庚养生文化村位于台湾桃园龟山乡高速公路旁，占地0.33平方千米，是集养老、医疗、文化、生活、娱乐等功能于一体的银发族小区。该文化村通过创新村内出租模式、出售模式和健康服务模式，使农村社区的经营模式得到了创新和发展，这不仅让村内老年人感受到了现代化的农村社区经营模式，更让大家看到了乡村振兴的潜力。文化村树立"在最适当地方"康养的思想，任何老年人都可以在村内感受此前没有接触过的文化和艺术，让老年人的老年生活多姿多彩，不用离开文化村也能看到外面的世界。此外，为了进一步保障老年人的养老安全，文化村将基本的日常生活需要都设置在了村内供老年人使用。老年人不出村，也能感知外面的世界，体验多彩的晚年生活。

二、案例分析

（一）与时俱进，抢抓机遇

创新出租模式：为了方便让村内居民体验村内住宿，长庚养生文化村社区为老年人提供试住服务。

出售模式：长庚养生文化村的土地由政府作为福利低价划拨，因此每平方米造价不高，售价在台湾属于平价，但买房有一规定：不能作为遗产处理，到不住时须交回村里作为捐助。

健康服务：长庚养生文化村设立社区医院，为老年人提供定期健康检查，慢性病门诊追踪治疗；提供居民特约门诊、康复及照顾护理等医疗服务；定期健康检查、防疫注射与体能检测，建立个人健康资料库；规划居民个人健康计划，提供养生处方和配膳建议，定期举办健康讲座、养生咨询；设立全天候监控中心，每户有紧急呼叫设施，确保高效率的紧急救护。

（二）转变"养老"理念，树立"享老"思维

长庚养生文化村改变了"在家养老"的传统理念，树立了"在最适当地方"康养的思想，让独居老年人"活到老、学到老"，从各类兴趣课程到 KTV、麻将、京剧、社团、学术讲座一应俱全。在文化村的老年人可以依照自己兴趣学习书法、绘画、棋艺、麻将、歌唱、舞蹈等，甚至可根据自己的身体状况选择体育馆、健康俱乐部、游泳池、网球场等休闲场所的活动。

（三）完善社区功能，推进社区治理

文化村设置 24 小时严密警卫，进出刷卡记录，设有超市、书局、银行等商业区；选餐服务、小吃店、中西餐厅、宴会厅等餐饮区应有尽有，满足日常饮食所需；体育馆、健康俱乐部、水疗池、游泳池等休闲设施，增强健康体能；设有会议厅，可举办大型活动及银发族相关议题研讨会，增进小区活力；尊重个人宗教信仰，设置各种宗教聚会场所，满足心灵需求。

此外，文化村还开设了高龄教育课程，师资来源包含各大专院校、小区大学、长庚医院等。

（四）畅享无障碍，设计有理念

全村均为无障碍的环境设计，每个房间都有紧急铃直通小区监控中心，房间都是无障碍空间，每间都有阳台，房内设置电磁炉过热自动断电，可做简单煮食，设有温控马桶。每幢都有护理站，为老年人量身打造专属的健康计划。建筑内走廊的宽度比一般长照机构都要宽，一则避免视觉空间上的压抑感，二则方便老年人（尤其是使用轮椅、助步器）漫步其中。

（案例来源：漫村生活空间微信公众号. 探村 NO.70｜台湾长庚养生文化村，社区式康养模式激活乡村振兴[OL]. https://mp.weixin.qq.com/s/-CIXZaLdfSp9n4oUl7IiCQ, 2023-05-05.）

三、知识链接

（一）银发族小区

银发族小区是指专门针对老年人居住和生活需求设计建造的居住区。银发族是指年龄在 60 岁以上的人群。老年人的居住环境和设施需求与年轻人有所不同，因此银发族小区通常会考虑以下因素：

（1）设施便利性：银发族小区会设置便利设施，如距离短的超市、医院、药店、银行等，以满足老年人购物和医疗服务的需求。

（2）安全环境：小区设有安全措施，如安装摄像头、门禁系统等，以保障老年人的人身安全。

（3）无障碍设施：小区会设置无障碍通道、扶手、斜坡等设施，方便老年人行动不便时出入居住区域。

（4）社交活动：小区会设置合适的社交活动区域，如活动室、休闲广场等，以促进老年人之间的社交互动和交流。

（5）居住环境：小区会注重绿化环境和景观设计，提供良好的视觉享受和休闲场所。

（6）服务设施：小区会提供必要的社区服务设施，如物业管理、保洁服务等，以方便老年人的居住和生活需求。

银发族小区的建设考虑了老年人的特殊需求和健康状况，为老年人提供了一个舒适、安全和便利的居住环境，满足他们在晚年生活中的居住和社交需求。

（二）多业态、全龄化

多业态、全龄化是指在银发族小区中引入各种业态和服务，以满足不同年龄段人群的需求。

（1）多业态：除了居住外，银发族小区还可以引入商业业态，如超市、餐厅、咖啡馆等，方便居民购物和就餐。同时，也可以引入健身房、养生中心、图书馆等，为居民提供多样化的文化、健康和娱乐服务。

（2）全龄化：银发族小区可以为所有年龄段的人群提供居住处所和服务。除了老年人，还可以吸引中青年人和家庭居住，从而促进居民之间的交流和社区活力。老年人也可以与不同年龄段的人群互动，提升生活品质。

通过走多业态、全龄化的方式，银发族小区可以更好地满足不同人群的居住和生活需求，打造一个充满活力、互动和多样性的社区环境。这样的发展模式可以促进社区的可持续发展和居民的幸福感提升。

（三）乡村康养产业综合体

乡村康养产业综合体是指以乡村康养为核心，整合多种产业资源和服务，打造集康养、休闲、文化、体育、教育等功能于一体的综合性发展项目。

乡村康养产业综合体通常包括以下要素：

（1）康养设施：包括康复中心、健身设施、疗养院等，为老年人和有需求的人提供健康管理和康复服务。

（2）休闲娱乐：设立休闲娱乐设施，如游泳池、温泉、SPA、图书馆、音乐厅等，为居民提供休闲娱乐的场所。

（3）农产品加工和销售：利用当地农产品资源，设立农产品加工厂和销售店，推广乡村特色产品，提供当地农产品的销售和体验。

（4）文化教育：设立文化教育设施，如博物馆、艺术展览厅、文化广场等，举办文化艺术活动，提供文化教育服务。

（5）体育健身：提供体育健身场所，如篮球场、网球场、健身房等，鼓励居民参与体育锻炼，促进身心健康。

（6）餐饮住宿：提供餐饮住宿服务，建设高品质的餐厅和宾馆，为居民和游客提供舒适的食宿环境。

乡村康养产业综合体的建设能够提供综合服务，满足不同人群的需求，既可以吸引老年人和养生爱好者，也可以吸引年轻人和家庭前来休闲度假。同时，乡村康养产业综合体的发展也可以促进当地经济发展，改善乡村营商环境，提升人民生活品质。

以上只是一些常见的农村社区经营模式，实际上还有许多其他类型的模式。关键在于根据当地的资源优势和市场需求，选择适合的经营模式，通过创新和发展，促进农村经济的繁荣和农民收入的增加。同时，政府和社会应给予适当的政策和资源支持，引导和推动农村社区经营模式的发展。

拓展资源

一、推荐书目

[1] 陈高威，温铁军. 破局乡村振兴——中国式农业农村现代化的 11 个思考[M]. 重庆出版社，2023.

[2] 梁巧. 农民合作社社会资本：益处与困境[M]. 浙江大学出版社，2021.

[3] 郑晓燕. 农村金融基础[M]. 中国金融出版社，2021.

[4] 张承惠，朱进元. 中国农村金融发展报告（2021）[M]. 中国金融出版社，2021.

[5] 沈明高，徐忠，沈艳. 中国农村金融研究：改革、转型与发展[M]. 北京大学出版社，2014.

[6] 孔祥智. 中国农业社会化服务[M]. 中国人民大学出版社，2009.

[7] 孔祥智. 新型农业社会化服务体系建设：供给侧视角（第一卷）[M]. 经济管理出版社，2020.

[8] 杨敏丽. 国外农机社会化服务[M]. 中国农业科学技术出版社，2006.

[9] 敖军，薛秀清. 农业生产托管理论政策与实践探索[M]. 中国农业出版社，2020.

[10] 农业农村部农村合作经济指导司. 全国农业社会化服务典型（2022 年）[M]. 中国经济出版社，2022.

[11] 杜洪燕，陈俊红，龚晶. 新型农业社会化服务体系建设——以北京为例[M]. 中国经济出版社，2023.

[12] 杜洪燕，陈俊红，龚晶. 农业社会化服务组织方式与运行机制创新研究[M]. 中国经济出版社，2021.

[13] 李小云. 贫困的终结[M]. 中信出版社，2021.

[14] 穆罕默德·尤努斯（孟）. 穷人的银行家[M]. 吴士宏译. 生活·读书·新知三联书店，2006.

二、推荐链接

[1] 农业农村部. 农业农村部关于印发《农业绿色发展技术导则（2018—2030 年）》的通知[OB/DL]. https://www.gov.cn/gongbao/content/2018/content_5350058.htm, 2018-07.

[2] 农业农村部. 关于进一步支持农业生产社会化服务工作的通知[OB/DL]. https://www.gov.cn/zhengce/zhengceku/2021-07/16/content_5625383.htm, 2021-07.

[3] 四川省农业农村厅. 关于印发《四川省"全程机械化+综合农事"服务中心发展指引（试行）》的通知[OB/DL]. http://nynct.sc.gov.cn/nynct/c100664/2020/3/24/3fc91c851268407b87187c9a4ff8a200.shtml, 2020-03.

[4] 农业农村部. 农业农村部办公厅关于做好2023年农作物秸秆综合利用工作的通知[OB/DL]. https://www.gov.cn/zhengce/zhengceku/202306/content_6885403.htm, 2023-05.

[5] 农业农村部. 农业农村部关于印发《新型农业经营主体和服务主体高质量发展规划（2020—2022 年）》的通知[OB/DL]. https://www.gov.cn/zhengce/zhengceku/2020-03/24/content_5494794.htm, 2020-03.

[6] 农业农村部. 农业农村部办公厅关于建立"空壳社"治理长效机制促进农民合作社规范发展的通知[OB/DL]. https://www.gov.cn/zhengce/zhengceku/2020-03/24/content_5494794.htm, 2020-03.

[7] 农业农村部. 农业农村部关于加快发展农业社会化服务的指导意见[OB/DL]. http://www.moa.gov.cn/govpublic/NCJJTZ/202107/t20210712_6371571.htm, 2021-07.

[8] 农业农村部. 农业农村部办公厅关于印发农业生产"三品一标"提升行动有关专项实施方案的通知[OB/DL]. http://www.moa.gov.cn/govpublic/FZJHS/202209/

t20220921_6409889.htm, 2022-09.

[9] 农业农村部. 农业农村部办公厅关于加快推进种业基地现代化建设的指导意见 [OB/DL]. http://www.moa.gov.cn/govpublic/nybzzj1/202209/t20220920_6409869.htm, 2022-09.

[10] 农业农村部. 农业农村部办公厅关于扶持国家种业阵型企业发展的通知[OB/DL]. http://www.moa.gov.cn/govpublic/nybzzj1/202208/t20220810_6406693.htm, 2022-07.

[11] 农业农村部. 农业农村部办公厅关于做好2022年基层农技推广体系改革与建设任务实施工作的通知 [OB/DL]. http://www.moa.gov.cn/govpublic/KJJYS/202205/t20220511_6398873.htm, 2022-04.

[12] 农业农村部. 农业农村部关于促进农业产业化龙头企业做大做强的意见[OB/DL]. http://www.moa.gov.cn/govpublic/XZQYJ/202110/t20211026_6380529.htm, 2022-04.

[13] 四川省农业农村厅. 成都市创建"农贷通"平台 打通农村金融服务"最后一公里" [OB/DL]. http://nynct.sc.gov.cn/nynct/c100632/2021/12/1/10da9b80076043d0a1b2d25f0dbb0a55.shtml, 2021-12.

[14] 山西经济日报. 山西省金融办、省农业农村厅联合发布59款涉农普惠金融产品[N]. http://www.moa.gov.cn/xw/qg/202308/t20230810_6434025.htm, 2023-08.

[15] 新华每日电讯. 山东延伸全产业链条助力农业高质量发展[N]. http://nync.shandong.gov.cn/xwzx/mtjj/202303/t20230301_4254355.html, 2023-03.

参考文献

一、图书、期刊

[1] 农业农村部合作经济指导司. 全国家庭农场典型案例（2022）[M]. 北京：中国农业出版社，2023.

[2] 农业农村部合作经济指导司. 全国家庭农场典型案例（2019）[M]. 北京：中国农业出版社，2020.

[3] 农业农村部合作经济指导司. 全国家庭农场典型案例（2021）[M]. 北京：中国农业出版社，2022.

[4] 农业农村部合作经济指导司. 全国农民合作社典型案例（2020年）[M]. 北京：中国农业出版社，2021.

[5] 高强，刘同山，孔祥智. 家庭农场的制度解析：特征、发生机制与效应[J]. 经济学家，2013（6）.

[6] 张敬瑞. 家庭农场是我国农业现代化最适合的组织形式[J]. 乡镇经济，2003（9）.

[7] 董亚珍，鲍海军. 家庭农场将成为中国农业微观组织的重要形式[J]. 社会科学战线，2009（10）.

[8] 朱启臻，胡鹏辉，许汉泽. 论家庭农场：优势、条件与规模[J]. 农业经济问题，2014（7）.

[9] 朱启臻. 新型职业农民与家庭农场[J]. 中国农业大学学报（社会科学版），2013（2）.

[10] 王治，俞坦. 以家庭农场为载体的职业农民创业孵化链研究——基于服务供给视角[J]. 华中师范大学学报（人文社会科学版），2019（5）.

[11] 陈祖海，杨婷. 我国家庭农场经营模式与路径探讨[J]. 湖北农业科学，2013（17）.

[12] 朱启臻，杨汇泉. 谁在种地——对农业劳动力的调查与思考[J]. 中国农业大学学报（社会科学版），2011（1）.

[13] 王春来. 发展家庭农场的三个关键问题探讨[J]. 农业经济问题，2014（1）.

[14] 岳正华，杨建利. 我国发展家庭农场的现状和问题及政策建议[J]. 农业现代化研究，2013（4）.

[15] 黄祖辉，扶玉枝，徐旭初. 农民专业合作社的效率及其影响因素分析[J]. 中国

农村经济，2011（7）．

[16] 乔慧，刘爽，郑风田．信贷支持能否促进农民专业合作社实现纵向一体化发展——基于1222个农民专业合作社的调查[J]．经济与管理，2023（4）．

[17] 罗庆，王艺霏，周晓庆，等．中国农民专业合作社空间格局及其影响因素[J]．中国农业资源与区划，2023（10）．

[18] 郭丽．构筑"双绑"模式 建设幸福家园——记弥渡博润蔬菜种植农民专业合作社[J]．中国农民合作社，2023（4）．

[19] 王越，刘余．"社区嵌入"与农民专业合作社的发展[J]．华南农业大学学报（社会科学版），2023（2）．

[20] 张琛，孔祥智．农民专业合作社成长演化机制分析——基于组织生态学视角[J]．中国农村观察，2018（3）．

[21] 郭斐然，孔凡丕．农业企业与农民合作社联盟是实现小农户与现代农业衔接的有效途径[J]．农业经济问题，2018（10）．

[22] 韩旭东，王若男，郑风田．能人带动型合作社如何推动农业产业化发展？——基于三家合作社的案例研究[J]．改革，2019（10）．

[23] 郭利京，仇焕广．合作社再联合如何改变农业产业链契约治理[J]．农业技术经济，2020（10）．

[24] 李刚，刘灵芝．交易额返利率对农民参与度的影响——以贵州省盘州市村级农民专业合作社为例[J]．农业经济问题，2019（10）．

[25] 马晓红．农民专业合作社利益分配机制研究[J]．农业经济，2015（7）．

[26] 姜长云．关于发展农业生产性服务业的思考[J]．农业经济问题，2016（5）．

[27] 芦千文，韩馥冰．农业生产性服务业：世界历程、前景展望与中国选择[J]．世界农业，2023（5）．

[28] 芦千文，姜长云．日本发展农业生产托管服务的历程、特点与启示[J]．江淮论坛，2019（1）．

[29] 田小平．美国、日本农业社会化服务体系经验借鉴——以中国河南省为例[J]．世界农业，2016（4）．

[30] 苑鹏．农民专业合作组织与农业社会化服务体系建设[J]．农村经济，2011（1）．

[31] 关锐捷．构建新型农业社会化服务体系初探[J]．农业经济问题，2012（4）．

[32] 贾广东，张涛，刘睿文，等．美国现代农业社会化服务体系发展对我国的启示[J]．农村经营管理，2015（10）．

[33] 赵培芳，王玉斌．农业劳动力老龄化背景下农机服务促进农业增收的作用[J]．江苏农业学报，2020（6）．

[34] 叶敬忠，豆书龙，张明皓．小农户和现代农业发展：如何有机衔接?[J]．中国农村经济，2018（11）．

[35] 应瑞瑶,徐斌.农户采纳农业社会化服务的示范效应分析——以病虫害统防统治为例[J].中国农村经济,2014(8).

[36] 乔慧,刘爽,郑风田.信贷支持能否促进农民专业合作社实现纵向一体化发展——基于1222个农民专业合作社的调查[J].经济与管理,2023(4).

[37] 罗庆,王艺霏,周晓庆,等.中国农民专业合作社空间格局及其影响因素[J].中国农业资源与区划,2023(10).

[38] 郭丽.构筑"双绑"模式 建设幸福家园——记弥渡博润蔬菜种植农民专业合作社[J].中国农民合作社,2023(4).

[39] 王越,刘余."社区嵌入"与农民专业合作社的发展[J].华南农业大学学报(社会科学版),2023(2).

[40] 王治,俞坦.以家庭农场为载体的职业农民创业孵化链研究——基于服务供给视角[J].华中师范大学学报(人文社会科学版),2019(5).

[41] 陈祖海,杨婷.我国家庭农场经营模式与路径探讨[J].湖北农业科学,2013(17).

二、网络资料

[1] 盐城市农业农村局.农情盐城公众号.江苏省家庭农场典型案例:东台市绿林源家禽养殖家庭农场:坚持绿色生态发展.探索高效养殖之路[OL]. https://mp.weixin.qq.com/s/0X9ZKwLre_rtUjEl1npkIw, 2022-08-25.

[2] 四川省家庭农场发展创业联盟公众号.会员风采:小农场大作为,带动全乡打造"有机僵蚕第一乡"——西充县中南乡宝塔家庭农场[OL]. https://mp.weixin.qq.com/s/HOKzRr-C98XyebqBxTDNjg, 2021-06-11.

[3] 乡村集结号公众号.特色蜜蜂农场:一只"小蜜蜂"是如何创造出大产业的?[OL]. https://baijiahao.baidu.com/s?id=1763832533132290444&wfr=spider&for=pc, 2023-04-22.

[4] 中国农村网.江苏句容市如花家庭农场:践行绿色发展理念 发展立体生态农业[OL]. http://crnews.net/zt/jtnc/zyjhl/129032_20200106084213.html, 2020-01-06.

[5] 乡村旅游研究院.罗森戴尔庄园.从皇家园林到有机生态示范农庄的华丽蜕变[OL]. https://www.sohu.com/a/258527582_99933580, 2018-10-10.

[6] 乡村集结号公众号.特色农场:台湾小瓢虫有机农场——一家以运营创意为特色的有机农场[OL]. https://baijiahao.baidu.com/s?id=1765276481234396051&wfr=spider&for=pc, 2023-06-05.

[7] 乡村集结号公众号.特色农场:酷牛网红牧场:澳洲首家以牛为主题的休闲度假区成功案例[OL]. https://mp.weixin.qq.com/s?_biz=MzA4MDQ4MjgyOA, 2023-07-24.

[8] 重庆市农业农村委员会官方网站.重庆市农民合作社发展典型案例② 走实合作共赢助力乡村振兴[OL]. http://nyncw.cq.gov.cn/zwxx_161/jdtp/202111/t20211125_

10035599_wap.html, 2021-11-25.

[9] 乡村集结号公众号. 推荐我国农民合作社七个典型成功案例: 绿色发展. 推动产业转型[OL]. https://baijiahao.baidu.com/s?id=1754616293674860126&wfr=spider&for=pc, 2023-01-10.

[10] 砀山县人民政府文明创建专栏. 村党组织领办合作社典型案例?支部引领聚合力合作经营谋新篇[OL]. https://www.dangshan.gov.cn/ztzl/wmcj/158009091.html, 2022-11-24.

[11] 砀山先锋公众号. 村党组织领办合作社典型案例④: 肉牛养殖"犇"出一条振兴路[OL]. https://mp.weixin.qq.com/s/HibQSkH19mSO66DtGRwTRg, 2022-11-26.

[12] 中国新闻网. 山东青岛推出"琴岛·种子贷"以"金融活水"助乡村振兴[OL]. https://baijiahao.baidu.com/s?id=1750302056579312965&wfr=spider&for=pc, 2022-11-23.

[13] 中国银协网. 乡村振兴 | 银保合作织密链式金融服务 擦亮"金乡大蒜"金字招牌[OL]. https://baijiahao.baidu.com/s?id=1715220909846559074&wfr=spider&for=pc, 2021-11-01.

[14] 农村金融时报. 推动特色产业"气势如虹"的金融力量——以经典案例折射金融助力产业振兴之现状与前景[OL]. http://epaper.zhgnj.com/Html/2022-04-18/42886.html, 2022-04-18.

[15] 人民资讯网. 德阳罗江: 蟠龙农联1596户社员喜获分红[OL]. https://baijiahao.baidu.com/s?id=1723114055775441735&wfr=spider&for=pc, 2022-01-27.

[16] 宝鸡农业农村. 宝鸡市农业社会化服务典型案例(五)[OL]. https://mp.weixin.qq.com/s/y3ymh2SqZsTCpLvqWv9CxQ, 2023-07-25.

[17] 中国农民合作社期刊. 崇州市杨柳土地股份合作社提高农民组织化水平的实践[OL]. https://baijiahao.baidu.com/s?id=1709175149015014075&wfr=spider&for=pc, 2021-08-27.

[18] 美丽蒲江公众号. 成都蒲江慧耕农机服务专业合作社获评省级"全程机械化+综合农事"服务中心[OL]. https://m.163.com/dy/article/HTQG02270514N688.html, 2023-02-17.

[19] 吉林省农业农村厅. 吉林德惠市惠泽农业生产专合社探索规模化托管服务新模式打造全链条服务体系[OL]. http://agri.jl.gov.cn/xdny/ncjj/202205/t20220527_8460639.html, 2022-05-27.

[20] 中仓协家具物流分会微信公众号. 案例家家悦: 如何推动农产品冷链物流建设[OL]. https://mp.weixin.qq.com/s/mFkUVzbftziyp2AtFH7ZVg, 2020-07-16.

[21] 安徽商报微信公众号. 苏果"农超对接"跑好助农解困"接力赛"——"田头"到"筷头",乡村振兴有奔头[OL]. https://mp.weixin.qq.com/s/W2J7tPR0ZqUZZwjQatCz8g, 2023-03-30.

[22] 上海民政微信公众号. 松江泖港镇搭建"三个平台",探索农村社区治理新模

式[OL]. https://mp.weixin.qq.com/s/OIUqeDIa4I1Ie6kf-FbOmA, 2023-08-22.

[23] 城关发布微信公众号. 基层治理丨高滩村社区：探索"阵地+"模式 服务群众零距离[OL]. https://mp.weixin.qq.com/s/49myiHz03TeDricBGPUohQ, 2023-05-14.

[24] 漫村生活空间微信公众号. 探村 NO.70丨台湾长庚养生文化村，社区式康养模式激活乡村振兴[OL]. https://mp.weixin.qq.com/s/-CIXZaLdfSp9n4oUl7IiCQ, 2023-05-05.